필자 박사 전준상의
일대기는 시리즈로 자서전을 출간하고 있습니다.

1권 50대까지 전반전<천태만상>
2권 80세까지 후반전<인생길>
3권 120세까지 연장전

애터미시대는 시리즈로 이어갑니다.

자 서 전 ①
산전수전 만고풍상 겪은
천태만상(개정판)

지은이 - 박사 전준상
발행처 - 자수정 출판사
발행일 - 2024년 9월 25일
2쇄 인쇄 - 2025년 9월 10일
신고번호 - 제 2018-000094호

서울 영등포구 영중로65
자수정출판사 010-8558-4114
정 가 ₩20,000원
*파본은 교환해 드립니다.

NAVER 네이버 검색창에 전준상
▶YouTube 유튜브 검색창에 박사전준상
E-mail - yangko719@daum.net

프 로 필

 필자가 아산시 온양온천에서 20년간 성장하다 서울에 온지도 어언 60년이 되었습니다.

그동안 사업과 동시에 쓴 글들만 해도 명언집과 인생처세술 그리고 애정소설과 자서전 등 106권째 집필하여 국립중앙 도서관에 납본되었습니다. 사업할 때는 80여 건의 특허를 받아 밀폐 용기의 원조인 락앤락 등 여러 가지가 히트하여 사회에 이바지하였고 일본에서는 현지법인 생보석을 5년간 경영하기도 하였습니다.

형제 중 두 아우는 미국으로 건너가 사업을 한지도 40년이 지나고 있으며, 자녀 중 전선영 감독은 상업 영화 <폭로; 눈을 감은 아이>를 감독하여 유럽 국제영화제와 아시아 영화제에서 두 번이나 신인 감독상을 수상하였고, 브라질 영화제와 뉴욕 영화제에 초청되어 다녀온 후 개봉을 앞두고 있습니다. 다른 자녀들도 사업과 명 강사로 활동하면서 행복한 가정을 누리고 있습니다. 필자도 쉬지 않고 현역으로 있으며 시간이 있을 때마다 건강과 독서를 염두에 두고 실천하며 늘 집필을 하고 있습니다.

저자 박사 전준상
(010-8558-4114)

머 리 말

 자서전이란
개인의 삶에 대한 기록물이기에 일종의 논픽션과 같은 실화소설이다.

자서전을 쓰는 목적은 다른 사람에게 자신의 경험을 생생하게 전하고 기록으로도 남기기 위함이다.
자신의 인생을 소재로 스스로 쓰거나 대필자에게 구술로 전하여 쓰게 하기도 한다. 자신의 생애를 기억에 의존하여 사진으로 보여주듯이 사실적인 글로 대신해서 회고록과 같은 생애를 전하는 것이다.

미국 오바마 대통령의 부인 미셸 여사는 자신의 자서전 '비커밍'(Becoming)에서 "나의 뿌리, 사우스 사이드(South Side·시카고 흑인 구역) 출신의 한 소녀가 어떻게 자신의 목소리를 찾아가는지에 대해 소개하였다.
이 책은 1,000만 부가 판매되어 인세로만 800억을 벌자 다시 한번 주목되었다. 너무나 흥미롭게 써서 대필작가의 손을 빌리지 않았나 하는 의구심마저 들게 한다. 인지도를 얻은 미셸은 미국 국민들의 지지를 얻고 있다. 이 자서전은 그만큼 자신을 브랜딩하는데 가장 큰 힘이 되었다.
내가 집필한 <거목의 길>과 <큰 인물들>에 등장한 인물들도 자서전을 통해 자신을 알렸다.

일생을 한 권으로 쓴다는 것은 불가능하므로 요약해서 쓰거나 아니면 전반전과 후반전으로 나누어 반세기씩 나누어서 쓰기도 한다.
자서전은 꼭 대단한 업적을 남긴 잘난 사람만 위인전처럼 쓰는 것이 아니라 자신을 되돌아보며 어떠한 인생을 살아왔는지 되짚어 보기 위한 것이므로 솔직하게 있는 그대로 쓴다.
전 박사의 자서전은 전반전 반세기, 후반전 반세기로 이모작으로 나누어서 물 흐르듯 생애를 그린 실화소설이다.
파란만장이란? 사람이 살아가면서 여러 가지 곡절과 시련이 많고 변화가 심한 일생을 겪는 것을 말한다.
감사합니다.

차 례

프로필   3
머리말   4

본문
1. 반세기 전반전의 첫걸음   7
2. 운명이 갈린다.   31
3. 여행으로 성장하다.   51
4. 삼다도 제주   63
5. 사회에서의 첫걸음   76
6. 꿈은 이루어진다.   92
7. 오뚝이처럼 일어서다.   109
8. 골드 파트너 전성시대   127
9. 일본 현지 법인   140
10. 또 한 번의 기회   158
11. 고향의 봄   173
12. 남자의 홈   190
13. 남녀 사이란   201
     부록 - 애터미 시대 -   213

1. 반세기 전반전의 첫걸음

지금은 연간 25만 명도 안 되는 신생아 수가 1958년 개띠 해에는 120만 명 이 태어났으며 난 조금 이전세대에 이란성 쌍둥이로 태어났다.
요즘은 불임 때문에 인공수정을 하려면 배란 유도제로 인해 쌍둥이가 흔하지만, 내가 태어날 때만 해도 흔치 않은 일이었다.

일란성 쌍둥이는 하나의 난자와 하나의 정자가 수정하고 세포분열 과정에서 돌연 수정란이 2개로 분리되면서 지극히 자연스럽게 일어나는 일이다.
그리고 일란성 쌍둥이는 생긴 모습이 하나처럼 거의 같아 형과 아우를 구별하기 힘든데 반해 이란성 쌍둥이는 2개의 난자와 2개의 정자가 각각 유전자(DNA)가 따로 성장하기 때문에 성별, 혈액형, 생김새, 목소리가 다른 경우가 많다.
나는 이란성 쌍둥이 중 3분 늦게 태어나 동생이지만,

형보다 키도 크고 몸무게가 더 나가 실하게 자랄 수 있었다.
얼굴과 성격 그리고 생김새도 달라서 누가 보면 쌍둥이라고 생각하지 않아 쉽게 알아보았다.
그런데 형은 쌍둥이라는 말이 싫어서 다른 사람 앞에서 나와 둘이 같이 있는 것을 유난히 부끄러워하였다.
예전에는 인공수정이 없던 시절이라 쌍둥이는 1%로 귀하였으며 우리 아버지 쪽이나 어머니 쪽에 쌍둥이를 낳은 이력이 없어 유전과는 상관이 없으며 형제로 각각 태어났다면 내가 형이 되었을지도 모른다.

우리 집은 충청남도 아산시 신창면 궁화리 333번지에서 신흥농장을 하였다.
4남 4녀 중 위로 누님 두 분과 아래로 여동생 둘과 남동생 둘인 셋째로 태어났다.
내가 만 6세가 되어 오목초등학교에 입학하였는데 그 당시 남학생 60명이 한 반이었고 여학생 60명이 한 반으로 1학년이 120명이었는데 그중 이란성 쌍둥이는 우리뿐이었다. 그래서 아이들이 신기하게 여겼고 주목을 받게 되었다.

학교에서 책상 배치를 할 때도 형은 나보다 작아 맨 앞줄에서 세 번째에 앉았고 나는 키가 커서 맨 뒤에 앉았다.
내가 월등하게 키가 컸던 이유 중 하나는 유복하게 자라서 잘 먹었기 때문이다.
별명이 호랑이로 불리던 할아버지(전상현 참봉벼슬)가 이루어 놓으신 논과 밭 임야가 궁화리 160가구 이상이 사는 마을에서 우리 할아버지 땅을 밟지 않고서는 지나갈 수가 없을 정도로 동네 반 이상의 땅이 우리 땅이었다. 할아버지는 소금 창고를 경영하셔서 부를 쌓으셨다.
아버지는 삼 형제 중 셋째인 막내이셨는데 민의원을 하시면서 신흥농장을 만드시고 부를 이루셨다.
우리 신흥농장은 농장 울타리가 아카시아나무로 삥 둘러 있어서 봄이면 아카시아 꽃향기가 만발하여 벌꿀들의 낙원이었다.
과수원 전체에 망루를 짓기 위해 면 내에서는 처음으로 우리 집이 2층 집을 지었다.

신흥농장은 그 시절에 면 전체에서 하나밖에 없는 과수원이었다.
우리 과수원은 복숭아, 사과, 배, 포도가 생산되었으며 복숭아 전용 과수원이 하나 더 있었다. 그곳에서 나오는 백도(스미도)는 맛이 일품이어서 당도가 높고 껍질을 손톱으로 벗기면 뽀얀 아기 엉덩이 같았으며 과즙이 풍부하여 써-억 베어 물면 꿀물이 입안 가득 고였다.

또 다른 밭에는 고구마, 콩, 옥수수를 심었고, 축산 농장에는 양계사업으로 알을 낳는 닭이 수천 마리가 있었으며, 양돈으로 키우는 돼지가 수십 마리가 있었다.
그리고 꿀벌을 키우는 양봉과 특수작물로 표고버섯과 영지버섯을 재배하느라 일하는 머슴이 세 사람이 있었다.

그러다 보니 우리 집에는 먹거리가 넘쳤고 특히 달걀을 꺼낼 때 달걀껍질이 완성되지 않은 불량을 끼니마다 먹을 수 있었다.
닭도 닭들이 서로 쪼아먹다가 자연사한 경우가 생겨나 닭고기도 연신 입에 달고 살았다. 벌꿀 역시 채취하면서 흘리는 꿀만 핥아 먹어도 실컷 먹을 수 있어서 어떤 때는 너무 과하게 먹어서 몸 전체에 콩알만 한 크기의 두드러기가 나는 부작용도 생겼다.
과일도 토굴 냉장고가 있어서 사계절 내내 끊이지가 않았고 저녁을 먹고 나면 못난이 과일 한 광주리를 가져와 온 가족이 빙 둘러앉아 누이나 여동생이 깎아 내면 삽시간에 없어지곤 하였다. 이때가 1950년~1960년으로 나는 한창 성장기였다.

궁화리 우리 동네는 마을이 넓어서 ①국시미 ②풀무시 ③돌팍재 ④중말 ⑤조내골 ⑥집넘어 ⑦장승부리 이렇게 수십 가옥이 띄엄띄엄 넓게 살고 있었다.
우리 집 본가는 마을 입구인 장승부리에 있었다.
장승부리는 옛날 동네 입구에 서낭당 장승인 '천하대장군 지하여장군'이 세워져 있어서 붙여진 이름이다.
서낭당이란? 마을을 수호하는 서낭신을 모셔놓은 신당으로 마을 어귀나 고갯마루에 조그마하게 지어진 당집이다. 400년 전부터 터를 잡은 궁화리는 국수봉과 오리봉이 있어 산세가 수려하여 순흥 안씨 집성촌이었다.

우리가 어릴 적에는 없어서 보질 못 하였으나 지금으로부터 100전 전에는 서낭당과 장성이 있었기 때문에 마을 이름이 지금도 장성부리라고 그대로 불리고 있다.
과수원은 조내골 끝에 있어 인가가 전혀 없고 과수원 두 곳만 양쪽으로 덩그러니 자리 잡고 있었다.
그래서 아버지와 일꾼들이 과수원 일을 할 때면 어머니는 점심과 오후 새참 두 번 음식을 하셔서 큰 광주리를 머리에 이고 나르셨다. 워낙 양이 많아 지금 같으면 자동차나 오토바이로 날라야 할 정도였다.
어머니가 그런 고생을 하시면서도 불평불만 없이 참고 견뎌오신 걸 생각하면 지금도 자식으로 가슴이 미어진다. 그렇게 힘드신데도 화 한번 안 내시고 오히려 늘 미소를 지으셨다.
과일 농사는 10년 이상 과수나무를 자식처럼 키워서 열매를 수확하는 대기만성 농사이다.
다른 농작물들은 1년이면 수확하는데 반면 과일 농사는 10년을 키워 20~30년 수확하고 그 옆자리에 과수나무를 미리미리 심어둔다. 고목이 되는 나무는 뽑아내고 미리 심어 둔 과수나무에서 열매를 맺게 하는 방식이다.

어머니를 고생시키는 건 또 있었다.
과일이 열리기 시작하면 과수원을 밤에 지키는 사람이 없으니 그걸 아는 동네 사람이나 다른 동네 사람들까지 매일 밤 서리를 해갔다.
서리란? 떼를 지어 남의 과실이나 곡식, 가축 따위를 훔쳐가는 것을 말한다.
서리꾼들은 장난삼아 재미로 하는 것이겠지만 피해 본 입장에서는 귀하게 키운 자식을 빼앗기는 기분이며 경제적 손실도 이만저만이 아니었다.

아카시아나무에 가시가 있어 그걸 울타리를 치고 철사 가시도 쳐서 이중으로 빙 둘러 막아놨지만 마음먹고 덤벼드는 도둑을 막는다는 것이 여간 힘든 게 아니었다.
그래서 아버지께서 큰 용단을 내리셨다.
과수원 한구탱이에 있는 과일나무를 모두 뽑아버리고 그 자리에 방4개 짜리 본채와 아래 동에 방 2개짜리 손님이 오면 재우는 사랑방과 일꾼 방, 그리고 과수원 입구 문 옆에 방 2개짜리 별채를 지으셨다. 그리고 사랑채 위에는 망루를 지어서 높은 이층집을 만드셔서 2층에서 내려다보면 과수원 전경이 한눈에 다 들어왔다.

이때는 대도시에는 전기가 들어와 밤에도 대낮처럼 밝았지만, 우리 마을은 전깃불도 없었고 거리가 멀어서 놓을 수도 없는 시대였다.
만약 전기만 있었어도 과일 서리를 하는 사람이 확 줄었을 것이다. 새퍼트 개를 키웠지만, 서리꾼들이 개집 근처에 뼈다귀를 먼저 던져 놓아 개가 뼈다귀에 정신이 팔려있는 틈을 타 과수원 안으로 들어왔다. 과일을 하나하나 따는 게 아니라 급하니까 과일나무 잎까지 훑어서 자루에 담는 식이었다. 그러니 과일나무도 태풍을 맞은 것처럼 상해있고 울타리도 동굴처럼 뚫어 놔서 다시 보수하려니 피해가 꽤 컸다.

우리 가족은 이렇게 과수원을 지키며 장승부리에 살면서 큰 누님, 둘째 누님이 결혼하였고, 형 그리고 동생 넷까지는 과수원에서 결혼하였다.
가족이 많아 주변에 인가가 없어도 외롭지 않았고, 어머니가 밥해서 이고지고 나를 때 일손을 덜어드릴 수 있었다. 또 아래채에 일꾼들이 늘 상주해 있었고, 문 앞에는 청양에서 이사 온 고모 댁 자녀가 여섯 식구가 있어서 든든하였다. 고모부 김종남은 아버지를 형님이라 부르며 자별하게 지내셨다.

이렇게 과수원을 경영하는 것이 여간 힘든 게 아니다.
과일 하나를 얻기 위해서는 손이 열 번 이상 가야 했다. 과일나무에 영양을 주기 위해 봄철에 뿌리 주변에 구덩이를 넓고 깊게 파서 퇴비 거름과 비료를 주어야 한다. 과일나무 겹 가지는 솎아내 잘라야 하고 과일에 꽃이 피고 열매를 맺으면 너무 많은 경우에는 나머지 과일이 잘 크도록 또 솎아내줘야 한다.
또 열매가 커지기 시작하면 열매 무게를 이기지 못하여 가지가 부러져 사전에 나무 막대기를 세워 고임목으로 받쳐주어야 하고 태풍이 올라치면 과일나무 가지가 덜 흔들리도록 단단하게 노끈으로 나뭇가지마다 바짝 추켜 올려 묶어주어야 한다.

과일 품질을 높이기 위해서는 과일 한알 한알에 종이봉투를 씌워 끝에는 철사 핀으로 둘둘 말아 묶어주어야 병충해가 생기지 않아 공이 많이 들어간다.
그리고 주기적으로 살충제 소독을 해주어야 하며 소독 후에 비라도 내리면 소독한 것이 다 씻겨내려 다시 살충제를 뿌려야 해서 무척 힘이 든다.

수확할 때는 일일이 한알 한알 따서 상품 가치가 있도록 해야 한다. 부딪히거나 멍이 들지 않게 종이나 플라스틱 망사로 개별 포장하여 박스에 담아 시장에 반출하므로 과수원 일이 한도 끝도 없었다.

올해 사과값이 고가여서 정치적으로도 이슈가 되었는데 병충해가 심하여 흉년으로 값이 오르니 '금 사과'란 별명을 얻었다. 과일 중에 국민 과일로 수요가 가장 많은 이유는 사과를 매일 먹으면 의사가 따로 필요 없다는 말이 있을 정도로 영양가가 풍부하기 때문이다.
기술이 발달하여 세상이 변하다 보니 사과 품종도 많아지고 당도도 높아 품질이 우수한 신상품이 연달아 나오고 있다.

전화가 없던 시절 아버지는 틈틈이 열 번 이상 손 가는데 필요한 봉투 만들 신문지, 비료, 거름, 소독약, 그리고 양돈 양계에 필요한 사료, 농기구 등을 구하러 온양온천까지 나가셔야 했다. 이렇게 아버지 어머니가 자식처럼 키우신 과일을 매일 서리맞아 나는 분통이 터졌다. 그래서 고모부와 일꾼들이 밤잠을 설치며 합세하여 잠복하였다. 결국 도둑을 잡았지만, 아버지는 폭력을 쓰지 못하게 했을 뿐 아니라 경찰에 신고도 하지 않으셨다. 좋게 타이르셨고 서리한 과일은 가져가라고 하시며 오히려 적을 내 사람으로 만들어 돌려보내셨다.

그래서 아버지가 돌아가셨을 때 과일 서리를 하던 사람들도 문상을 와 조문객들이 줄을 이었다.
사람이 죽었을 때 그 사람이 세상을 어떻게 살았는지 알 수 있다고 악한 끝은 없어도 선한 끝은 있는 것이다.
이렇게 아버지는 인성이 좋은 분이셔서 면 내에서 성품이 온순한 집안이라고 칭찬이 자자했다. 그래서 6.25때도 무사하셨고 민의원에 출마하셨을 당시에 같은 마을에 후보가 둘씩이나 더 나왔어도 아버지가 두 번 다 당선되셨다.

나는 참봉이시자 소금 도매업과 농업을 하신 할아버지에 이어 아버지 덕분에 금수저로 태어나 끼니 걱정 없이 잘 살 수 있었다.
학교에 다닐 때도 도시락을 싸가면 친구들 모두 내 도시락에 시선이 꽂혀 부러운 눈으로 바라보았다.
겨울이면 난로 위에 올려놓은 도시락에서 김치 익는 냄새가 교실 가득 메워 선생님이 들어오셔서 눈이 날리는데도 양쪽 창문을 다 열라고 하시기도 하였다.
친구들의 도시락은 새까만 꽁보리밥에 반찬이라곤 김치와 고추장 한 숟가락뿐으로 찰기가 없어 우수수 쏟아지는 꽁보리밥에 고추장을 비벼 먹는 것이 고작이었고, 내 도시락은 하얀 흰 쌀밥에 먹음직스러운 달걀프라이가 떡하니 올려져 있었고 멸치볶음까지 있었으니 구경거리가 되었다.
그래서 점심시간이면 친구들이 내 자리로 우르르 몰려와 내가 밥 먹는 모습을 한참을 보다가 자기 자리로 돌아가는 진풍경이 펼쳐졌다.

우리 집에서 오목 초등학교까지는 약 10리가 채 안 되는 거리였다. 가는 길에는 철길이 있었고 옆으로 마차나 자전거가 다닐 수 있는 논길이 있었다. 철길 양쪽으로는 논이기 때문에 학교를 오갈 때는 철길 위 선로를 걷는 내기를 하였는데 지는 사람은 뚝 방에 불을 놓고 온몸을 굴려서 끄는 불장난을 하기도 하였다. 지금 생각하면 어린아이들의 철없고 무모한 짓이었다는 생각이 든다. 장항선 기차는 하루에 화물열차만 한두 번 장항제련소를 오고 갈 정도였다.
여름에는 마을 옆에 방죽에서 헤엄을 치며 놀기도 하였는데 물장난을 하며 자유분방하게 놀던 시절이 그립기도 하다.

내가 초등학교를 다니던 시절에는 무상교육이 아니라 월사금을 내고 다녔어야 해서 못 내는 친구는 태반이었다.

우리 궁화리는 특히 아들을 많이 낳는 동네라 같은 학년에 같은 반 친구가 열네 명이나 되어 친구가 많았고, 신기하게도 열네 명 모두가 남학생으로 여학생은 한 명도 없었다. 친구 중에 이웃집에 살던 김재남이라는 친구는 군 제대 후 내가 사업하던 때에 우리 회사에 몇 년동안 근무하기도 하였다. 그러다가 평택 형님댁에 간다고 하였고 재기 형이 사망하자 5성급 호텔을 이어받아 운영하더니 안타깝게도 재남이도 전립선암으로 사망하고 말았다.

궁화리라는 뜻은 '집 궁(宮)에 빛날 화(華)'로 집이 빛이 난다는 뜻인데 자궁이 빛이 난다는 말이기도 하여서 아들이 많았다. 안 씨네 9형제인 집은 아들만 아홉 명이 있어 그 집을 구 형제 집이라고 불리기도 했고, 또 8형제인 집은 강 씨네였는데 그 집도 팔 형제 집이라고 불렀다.

궁화리는 이름이 그래서인지 마을 사람끼리 연애하여 결혼하는 경우가 많았고 마을 사람들끼리 불륜관계가 들통나서 야반도주(夜半逃走)하는 경우도 종종 있었다. 심지어 같은 마을에 작은 집을 두어 두 집 살림하는 사람들도 여럿 있었다.

자고로 남녀의 이성 문제는 예전이나 지금이나 달라지

지 않는 것 같다.

우리 전씨 집안은 160여 가구가 있는 마을에서 이십여 가구가 사는 집성촌으로 할아버지 삼 형제와 아버지 삼 형제, 오촌과 육촌 그리고 먼 친척까지 사이좋게 어울려 살았다. 그래서 이웃 사람들은 전 씨네 하면 인품이 좋고, 가풍이 좋은 집안으로 생각하고 우러러보기도 하였다.
그래서 혼기가 다 되어 중신할 때 타동네에서 전 씨네라고 하면 좋은 이미지였다. 부모를 보면 자식을 미루어 짐작할 수 있고, 자식을 보면 부모를 짐작할 수 있으므로 궁화리 전 씨네 하면 성품이 온순하고 남들과 다툼이 없는 집안으로 인식하였다.

우리 어머니 친정은 아산시 탕정면 신리로 벌말이라고 불리는 곳이었다. 그래서 우리 어머니를 동네 사람들이 벌말 댁이라고 부르거나 쌍둥이 엄마로 불렀다.
벌말이란 곳에도 전(全)씨 집안이 좋은 이미지여서 어머니는 궁화리로 시집을 오게 되었다. 전(全)씨는 고려 시대까지는 왕(王)씨로 왕족이었다가 이씨 조선이 되면서 왕(王)씨 위에 삿갓(人)을 씌어 숨어 살며 수난을 피해갔다.
어머니 친정도 부자여서 가마 타고 시집올 때 혼수를

싣고 왔는데 소 마차를 무려 열두 마차를 끌고 오셔서 장안에 화제였다.
마치 정주영 회장이 북한에 갈 때 소 떼를 몰고 이북에 방문한 것처럼 동네 사람들에게 엄청난 구경거리였다고 한다.
마차에 싣고 온 혼수로는 하나는 자개장롱이었고 또 나머지는 외할머니가 안성 유기공장의 고명딸이라서 유기 반상기를 비롯해 세면 대야와 요강 그리고 유성기(축음기), 재봉틀, 공산품 등등 가득했다고 한다.
또 이불과 요가 한가득이었고, 비단옷과 여러 형제에게 줄 옷, 침구가 두 마차가 되었으며 귀한 음식까지 모두 열두 마차에 싣고 오셨으니 지금까지도 전설로 남았다.

이렇게 부잣집에서 고생 모르고 사신 어머니(장인순 여사)는 여자가 많이 배우면 팔자가 사납다며 배우지 않아 이름 석 자도 쓸 줄 모르셨지만, 마음씨가 겸손하여 하늘에서 내려온 천사와 같은 분이셨다.
시부모님을 공경하고 남편과 남편 형제들에게 공손하셔서 늘 우애가 깊었고 자식에게는 큰소리 한번 안 내셨고 매도 한번 들지 않으셨다.
그리고 집에 찾아오는 손님이나 자식의 친구에게 늘 후하게 대접하셨고 꼭 식사를 대접하고 나면 하룻밤 자고 가게 하셨다. 그러니 마을 사람들은 어머니를 후덕한

벌말댁이라고 칭찬하였다.
심지어 아버지를 찾아온 여인에게도 아버지와 함께 드실 겸상을 내오시면서 차린 것 없어도 맛있게 드시라고 인사까지 하셨다.
어머니는 온양 시내에서 과일가게를 하는 거래처로 아신 듯했지만, 마을 사람들은 아버지의 애인이라고 입방아를 찧으며 뒤에서 수군대었고 어머니는 개의치 않으셨다.

심성이 곱고 착하신 것은 천성이기 때문에 남에게 서운한 말을 하실 때는 자신이 먼저 울먹이셔서 목이 메어 말씀을 다 하지 못하셨다.
밥상에서도 밥상 위에 밥그릇을 올려놓고 드시는 법이 없으셨고 늘 방바닥에 놓고 드셨다. 하물며 자식들이 남긴 밥을 눈치 보며 알뜰하게 다 드시곤 하셨다.
어머니의 밥상을 떠올리면 그리운 것이 한둘이 아니다. 어머니는 늘 밥상을 정갈하게 차리셨는데 시각부터 식욕을 돋게 하셨다.
맛도 더할 나위 없이 훌륭했으며 늘 정성으로 음식을 만드셔서 지금 우리 아이들도 할머니 밥상을 그리워할 정도이다.
어리석은 자식들은 어머니가 식사하실 때 김치만 드셔서 고기와 생선을 드실 줄 모르는 거로 알았다.

일 년 열두 달 늘 고운 한복을 입으셨는데 흰 치마저고리는 봄가을, 여름, 겨울 이렇게 세 벌이셨고 미장원에는 한 번도 가보신 적이 없이 언제나 쪽 찐 머리로 가르마를 곱게 타서 뒷머리에 비녀를 꽂으셨다.
그런 모습으로 무거운 짐을 목의 힘으로 이겨내시며 광주리 가득 머리에 이시고 양팔을 휘두르며 걸으시는 모습은 거의 묘기에 가까우셨다.
평생 일만 하시다 비가 오는 날 쉬시기라도 하면 온몸이 쑤시고 아프시다고 누우셔서 쉬는 게 전부였다. 그동안 일에 매달려 긴장하시고 누적된 과로가 몸이 안전할 리가 없으셨다. 그러나 88세에 돌아가시기 전까지 병원에 한 번도 가신 적이 없고 감기약도 드신 적이 없으셨다.

이 모든 게 아들딸 8남매를 잘 키워서 다들 잘살게 하려는 마음에서 힘들 줄 모르고 숙명처럼 일을 해오신 거였다.
어머니는 한마디로 희생정신으로 살아오신 분이다.
그런 덕분에 어린 시절 금수저로 호의호식했으며 그래서 어머니라는 말만 나오면 늘 마음이 애잔하다.
특히 나 때문에 어지간히 마음고생을 하셨기 **때문에** 더욱 죄송하고 보고 싶다.

천사 같은 어머니는 노후에도 미국에 사는 막내아들네에 가셔서 남매 손주의 출산서부터 학교 입학까지 돌봐주셨다. 몇 년간 고생하시고 오셔서 온양 천주교에서 세례도 받으셨다. 아들딸들이 드린 용돈을 모아 한 푼도 쓰지 않으시고 위암으로 돌아가실 때까지 고쟁이 속에 고스란히 보관하셨는데 그 금액이 800만 원이나 되었다.

어머니의 성품을 닮아 네 명의 누이들도 온화하여 결혼하고 지금까지 부부싸움 없이 잘살고 있다. 이래서 딸은 어머니를 닮는다고 하는 것 같다.

위로 누님 두 분은 경찰 공무원에게 시집 보냈으며, 아래 두 여동생도 사업하는 사위와 결혼시켜 지금까지 무탈하게 잘살고 있다. 미국 버팔로에 살고 있는 광상이 동생과는 늘 연락을 주고받으며 안부를 묻는다.

버팔로는 나이아가라 폭포와 가까운 지역이라 캐나다와도 인접해 있는 곳이다. 동생네는 독실한 크리스천으로 지역교회에서 오래 활동했으며 특히 재수씨에게 기도를 받으러 올 정도로 신앙심이 깊으며 설교와 기도가 유능하다. 기도를 받은 사람들은 하나님의 응답을 받았다며 늘 감사하게 생각하며 소문이 나서 기도를 받으려고 예약할 정도이다. 아마 방송인이나 강사가 되었어도 될 만큼 언변도 뛰어나다.

재수씨는 손재주가 남달라 음식 솜씨도 뛰어나다. 교인들이나 주변 사람들을 초대해 한국 음식을 만들어 파티하면 다들 맛있다고 싸 가지고 갈 정도로 K푸드를 전파하기도 한다.
요즘은 국제전화도 인터넷 폰으로 돈 안 들이고 할 수 있어 통화하면 시간 가는 줄 모르고 이야기꽃을 피우기도 한다. 우리 집안에 재수 씨처럼 유능한 사람이 들어와 한 가족이 된 것은 축복이 아닐 수 없다. 나는 동생이 사회생활 하는 데도 많은 내조를 해줬을 것으로 생각하여 마음속으로 늘 잊지 않고 고맙게 생각한다. 똑똑하고 유능하다고 잘 사는 것이 아니라 아마도 많이 베풀고 상대방을 진심으로 대하는 인성 때문에 복을 받는 것이라고 생각된다.

천안에 사는 큰 누이와는 안타깝게도 왕래가 끊긴 지 오래되었다. 늘 다정했던 누이인데 언제부터인가 무엇 때문인지 말투가 매정하고 왕래하기를 꺼리시는 것 같아 서운한 마음이 들었다. 다른 형제와도 왕래하지 않으신다.
큰 누님 큰딸과 둘째 딸인 조카들이 어릴 때 큰 매형이 경찰로 전근을 가면 내가 업고 보따리를 들고 함께 이사 다니기도 할 정도로 이뻐하던 조카들이었고 누이었는데 지금은 아무 소식도 모르니 안타깝다.

첫째 딸은 살림 밑천이라고 큰 누이는 집에서 손님들이 오면 어머니를 도와 상을 차려내곤 하였다.
손님상에는 하얀 흰 쌀밥과 청국장, 깍두기, 김을 내놓았고, 금방 푼 따끈한 밥 위에 가운데를 움푹 파서 생달걀을 툭 터트려 놓고 비벼서 맛있게 드시라고 하였다.
그리고 누이가 '준상아' 하고 부르면 나는 부엌으로 달려가 숭늉 그릇을 쟁반 위에 받혀 건네주면 받아서 아버지와 손님들이 식사하시는 옆에 공손히 올려드렸다.
그러면 손님들은 아버지에게 "저 녀석이 총명하고 영리하게 생겼네"라고 칭찬해 주시면 아버지도 좋아하셨다.
할아버지 동생분이신 조내골 작은할아버지(전다현) 할머니도 나를 보기만 하면 "저놈 준상이 눈빛 좀 봐, 샛별같이 반짝이는 것이 눈빛 값 좀 하겠어." 하시며 늘 칭찬해 주셨다.

할아버지도 쌍둥이인 손자 둘을 남달리 예뻐하셔서 자주 찾아가면 벽장(다락)에서 조청 단지를 꺼내 숟가락으로 한 숟가락 가득 퍼서 돌돌 말아 내 입에 넣어주셨는데 그 조청 맛은 반백 년인 50년이 지난 지금도 생생하여 입안에 침이 가득 고인다.
아버지 손님이 총명하다고 하시던 말씀과 작은할아버지가 눈빛 값 좀 하겠다.라는 말은 초등학교에 입학해서 무슨 말인지 알 수 있었다.

운동장에 전교생을 모아 놓고 아침 조회를 할 때 위풍당당하셨던 김승묵 교장 선생님이 높은 교단에 올라서서 선생님들과 700명 전교생 앞에서 큰 목소리로 훈화를 하셨다.

"사람은 길을 걸을 때 땅에 무엇이 떨어졌는지 주울 게 없나? 하고 고개를 숙이고 걸으면 안 되고, 고개를 들고 앞을 보면서 어깨를 쭉 펴고 똑바로 걸어야 한다. 알겠나? 그런 학생은 눈에서 빛이 나고 초롱초롱하지만, 고개를 숙이고 걷는 학생은 눈빛이 동태 눈 같아서 허옇게 흐려있다. 그러니 입을 헤벌레하게 되어 바보스러우니 입은 꼭 다물고 눈빛은 샛별처럼 빛이 나야 똑똑한 학생이다." 나는 이때 교육을 받아 처음 알게 되었고 오목초등학교 교장 선생님의 성함과 목소리 그리고 그때의 모습이 지금도 생생하다.

또 이현상 선생님이 말씀하신 '정신일도 하사불성(精神一到 何事不成)'이라는 말도 뇌리에 박혀있다. 한 가지 일에 온 정신을 쏟으면 세상에 안 되는 일이 없다. 라는 뜻인데 원효대사가 겪은 일화를 말씀해 주셨다.
[어느 날 길을 가다 날이 저물어 공동묘지에서 잠을 자게 되었는데 자다가 목이 말라 손을 더듬어 물그릇을 찾아 마시고 다시 잠이 들어 아침에 눈을 떠보니 자신

이 마신 물이 해골바가지에 담긴 물이라는 것을 알게 되었다.]
결국 사람은 마음먹기에 달려있다는 말씀과 함께 깊은 교훈을 주신 말이 지금도 생생하게 기억하고 실천하고 있다. 또한 전근 오신 이종명 선생님은 아버지가 우리 태상이 형의 가정교사를 맡겨서 형과 함께 지내게 하셨다.
지금은 조, 중, 동 세 가지 신문을 보지만, 내가 초등학교에 다닐 때 우리 집은 동아일보를 구독하고 있었다. 그래서 4학년 때부터 신문을 접하였고 신문이 오면 4컷짜리 시사만화 '고바우 영감'을 보는 재미에 푹 빠져 매일 신문 오기만을 기다렸고 차츰 사회 면도 읽게 되었다.
이때부터 어른들이 말씀해 주시는 교훈과 신문을 통해서 배운 상식은 나의 자양분이 되어 내 것으로 만들려고 노력하였다.

우리 할아버지는 흰 수염을 기르시고 늘 근엄하여 멋진 모습이었다. 그러셔서였는지 새 원장 부잣집 윤씨 할머니를 수양 동생으로 삼으시고 내 손을 잡고 자주 다니셨다.
할아버지 댁에 가면 할머니와 큰아버지 큰어머니가 계셨고 장손이자 외아들인 사촌 형님(전한상)이 계셨는데 사촌 형은 부잣집 외아들로 곱게 자라 자기밖에 모른다는 평을 받기도 했다.
나보다 열 살 위인 형님이 예산 농고를 다닐 때 책꽂이에 꽂혀 있던 <세네갈의 행복>이라는 책을 보게 되었다. 책의 저자는 김형석으로 연세대학교 철학과 교수였다. 나는 흥미로운 생각이 들어 형에게 빌려달라고 하여 책을 들고 집으로 오는 길이 마냥 설렜다.
내가 교과서 이외에 인생에서 제일 처음 접하게 된 책이었다. 이때가 초등학교 3학년 무렵이었다. 어린 나이임에도 너무나 감명 깊게 책을 읽었고, 이때부터 책을 읽는 것에 취미가 생기기 시작했다. 사람은 어떤 계기로 인생이 바뀌게 된다는 말이 이래서 나온 말 같다.

사촌 형인 한상이 형은 고등학교 2학년인 18세에 결혼하셨고 예산 농고 학생들이 몰려와 큰 잔치가 벌어졌다. 자손이 귀한 집이라 큰아버지는 형님이 자손을 많이 낳길 바라셔서 아들 셋 딸 하나를 낳으셨다.
가장 큰 장손인 병구는 삼성 화학 사장을 거쳐 평생 무탈하게 지내고 있으며 다른 자손들도 부모님이 물려주신 재산 덕분에 잘살고 있다. 나중에 병구 조카와는 미국에 있는 동생에게도 함께 다녀왔다.

사촌 형님을 생각하면 가장 먼저 떠오르는 것이 중학교

2학년 때부터 담배를 피우셨다. 형님은 수원 농대를 나와 농협에서 전무로 근무하면서 술 담배를 많이 하시더니 결국 폐암에 걸려 51세라는 짧은 나이에 세상을 떠나셨다. 그 시절에는 건강정보도 없고 정기 검진도 없던 시절이라 암에 걸리면 사형선고나 다름없었다.

옛말에 귀한 자식일수록 엄하게 키워야 한다고 했는데 부잣집 외아들로 곱게만 자라 호의호식하며 걱정 없이 지내다가 결국엔 건강을 잃었다. 그래서 나는 아무리 돈이 많아도 건강만큼은 마음대로 되지 않는 법이다. 자기 관리가 철저한 사람이 건강하게 장수한다는 것을 깨닫게 되었다.

오목리 교회의 담임 목사이셨던 영순이 누나의 신랑 김항구 매형과의 사이에 요셉이라는 아들이 있었는데 그 아들이 궁화리 교회에 담임목사이다. 마을 안에는 개척 교회가 설립된 지 오래되어 궁화리 마을에 예수님을 믿는 기독교인들로 가득 차 있어 은혜받는 마을이 되었다. 그래서 흉악범 장 순경 같은 자가 더는 생겨나지 않았다. 장 순경 이야기는 뒤에서 더 이야기된다.

사람은 자기 할 탓이라고 마을 사람들은 어린 나를 보고 머리를 쓰다듬으면서 항상 똘똘하고 예쁘다고 해주셨다.

마음씨 곱고 인심이 후한 동네 사람들,
뒷동산에는 늘 백로(두루미)가 눈이 온 것처럼 소나무 숲 위에 하얗게 앉아 있었던 아름다웠던 모습을 생각하니 고향이 많이 그리워진다.

2. 운명이 갈린다.

 우리 집안은 할아버지의 말씀은 곧 법이나 마찬가지였고, 아들 삼 형제를 엄하게 가르치신 분이다.
할아버지께서 둘째 아들(영기)이 자손이 없으니 셋째아들인 우리 아버지(영성)에게 쌍둥이 아들이 둘이나 되니 작은놈을 둘째에게 양자로 보내라고 하셨다.
장남이신 큰아버지(영석)는 외아들밖에 없고 우리 집은 아들이 많으니 그래서 내가 차출되어 양자로 가게 되었다. 양자로 간 뒤에 남동생 광상과 일상이가 태어나서 30대에 모두 미국에 가서 살고 있다.

나는 일곱 살인 어린 나이에 낯선 남의 집에 가서 살아야 한다는 게 너무나 싫었다. 둘째 집은 옥순이라는 열아홉 살짜리 누나가 있었는데 다음 해에 폐병으로 사망하지만, 그 누나가 나를 끈질기게 양자로 오게 하려고 유혹하는 데 일조했다.
둘째 큰아버지이자 양아버지는 첫째 부인과는 딸(희순

이) 하나만 낳고 이혼하시고 옥순이 누나를 낳은 양어머니와 재혼하셨다.
양어머니는 전처에게서 낳은 딸과 자신이 낳은 딸을 콩쥐 팥쥐에서 나올법한 학대를 하였고 차별이 심했다.
그렇게 전처소생인 누나는 서러움 속에 크다가 같은 마을 8형제 집 강씨네 넷째인 읍내리 초등학교 강성희 선생에게 시집을 가 두 딸을 낳았다. 매형은 화상으로 얼굴에 흉이 많았고, 둔포 면장까지 하시다 사망하셨다.
이후 내가 양자로 들어가서 살게 되고 외동딸이던 옥순이 누나가 19세에 폐병으로 사망하여 나 혼자뿐이었다.
그동안 호칭을 둘째 큰아버지 큰어머니라고 불렀는데 하루아침에 아버지 어머니라고 부르게 되었고, 친부모님을 생아버지 생어머니로 부르게 되었다. 그러니까 부모님이 네 분이 된 셈이다.

양자로 온 곳은 온양 시내였다.
양아버지가 교육 구청 장학관으로 근무하셨기 때문이었다.
나는 이때 오목 초등학교에서 온양온천 초등학교로 전학을 가게 되었다.
고향에서 10여 년을 살다가 낯선 곳으로 오니 어색하였고 학교에서도 촌놈이 왔다며 텃세가 심했다.
그 당시 온양은 도시고 우리 신창면 궁화리 고향은 농

촌이라 시골이었다.
하루아침에 시골 촌놈이 도시 놈이 되다 보니 못된 친구들에게 당하기 일쑤였다.
특히 최광식이라는 친구의 이름은 지금도 잊지 못할 정도로 이때부터 최씨라면 트라우마가 생긴 아픈 기억이다.
최광식은 얼굴에 흉터가 자글자글하게 많아 볼 수 없을 정도로 못되게 생긴 아이인데 수업이 한 시간 끝날 때마다 외톨이가 된 나에게 다가와 귀찮게 놀리며 괴롭히기 시작했다. 이것이 바로 왕따시키는 이지매였다.
내가 이지매라는 것을 당할 줄 꿈에도 몰랐는데 괴롭힘을 계속 당하니 학교에 가기 싫었다.
일본에서도 학생들이 이지매를 당해서 어린 학생들이 극단적인 선택을 한다더니 왕따를 당해보지 않은 사람들은 모를 것이다.
극심한 스트레스를 받으면 죽음으로까지 몰고 간다더니 내가 최광식의 최짜만 들어도 지금까지도 치가 떨릴 정도이다.

순진했던 나는 선생님이나 부모님께 알릴 줄도 몰랐다.
하루는 학교를 무단결석하고 철길을 혼자서 돌아다니다 집에 왔더니 학교에서 연락이 왔는지 벌써 양부모님이 알고 계셨다.

그제야 자초지종을 말씀드렸고 양아버지가 교육구청에 출근도 미루시더니 내 손을 꽉 잡으시고 우리 반 교실로 가셨다.

마침 정한영 담임 선생님이 출석부를 부르시던 중 교실 문을 열고 나와 우리 아버지를 보시고 저승사자를 만난 것처럼 사색이 되셨다.

지금도 그때 모습이 또렷하게 기억이 난다.

아버지는 교육구청 장학사였기 때문에 아산군 내에서 선생님들의 인사권이 있으셨으므로 정 선생님이 놀라신 거였다.

아버지에게 자초지종을 들으신 선생님은 그 자리에서 최광식을 호명하여 불러내셨다.

아침부터 교실 분위기는 찬물을 끼얹은 듯 차가웠다.

최광식이 앞으로 나오자 선생님은 최광식의 볼 따귀를 불이 번쩍 나게 다짜고짜 내리치시더니 계속해서 한풀이라도 하듯 한쪽 손으로 볼을 잡고 다른 한 손으로 볼 따귀를 올리며 때리셨다.

지금은 학교폭력이라 하여 체벌 행위가 금지되었지만, 그 당시만 해도 사랑의 매라고 체벌이 만연한 시기였다.

선생님은 최광식에게 준상이에게 잘못했다고 빌라고 하자 "준상아 잘못했어. 다시는 그러지 않을게" 하니 정

선생님은 한 번만 더 왕따 짓 하면 학교에 못 나오게 퇴학 조치를 하겠다고 엄하게 꾸짖으셨다.
아버지는 되돌아가셨고, 나는 내 자리에 앉아서 공부를 시작했다.
그 이후로 반 아이들은 나를 예사로 보지 않는 눈치였다.
아버지가 높은 자리에 있어서 담임 선생님도 긴장하는 모습을 보이니 나에게 누구도 함부로 대하지 못했다.

이지매는 왕따와 같은 것으로 자신보다 약자로 지목되는 사람을 깔보고 괴롭히는 것이다. 남학생뿐만 아니라 요즘은 여학생들도 말로 다 표현하지 못할 만큼 심각한 수준이다. 사람이 철이 안 나거나 인성이 부족하면 약자에게 강하게 강자에게는 설설 기는 습성이 있다.
나는 온양온천 초등학교 5~6학년 2년 동안 아버지의 영향력 덕분에 왕따 당하던 것이 전화위복이 되어 친구가 많이 생겨 친하게 지낼 수 있었다.
그리고 우리 옆집에 나와 쌍둥이처럼 생년월일이 똑같은 이춘구(이춘삼)라는 친구가 있어 우리는 가장 친하게 지냈다. 뒤에 언급하지만, 이 친구 때문에 예술대학에 다니게 되었다.
항상 붙어 다녀 시간이 갈수록 온양에서 가장 가까운 벗이 되었다.

춘삼이는 귀한 집 자식에게 천한 이름으로 불러줘야 명이 길다고 여겨 지어준 별명이다.
춘삼이네는 아들을 보기 위해 춘삼이 아버지가 다섯 아내를 얻기도 하였다.
춘삼이 아버지는 인천에서 온양으로 6.25사변 때 피난와 운수사업(택시, 버스, 트럭)을 하는 큰 부자였다.
하지만 자식이 생기지 않아 겨우 춘삼이를 얻고 금지옥엽으로 보살피셨다.
다섯 엄마도 모두 춘삼이라면 벌벌 떨었고 알뜰살뜰 챙겼으니 그야말로 춘삼이는 마마보이가 되어 철없이 아무것도 모르는 아이가 되어갔다.

춘삼이 생모는 다섯 번째 부인이었는데 춘삼이 이외 여동생도 낳아 남매를 두었다. 나머지 엄마 넷은 출산하지 못해서 아무거나 나무토막이나 돌멩이라도 낳아봤으면 원이 없겠다고 하소연하셨다.
춘삼이는 온양에서 중학교까지만 다니고 고등학교는 서울에서 다녔다.
춘삼이 아버지가 아들 교육을 위해 춘삼이 친엄마와 남매를 서울로 이사시켰다. 춘삼이 아버지는 그래도 온양에는 네 명의 아내들이 남아있어 한주에 한집 씩 드나들며 생활하면 한 달이 금방 지나가곤 했다.

춘삼이 아버지가 50대 중반이 되자 사업이 기울기 시작했고 성인병과 당뇨까지 생겨 눈이 멀게 되었다. 그리고는 60세도 안 되어 사망하셨다.
졸지에 다섯 아내는 무일푼에 과부 신세가 되어 각자도생의 길을 걸어야 했다.
서울로 올라간 춘삼이 친엄마도 자신이 벌어서 남매를 가르치기 위해 살길을 찾아야 했다.
이 무렵 춘삼이는 나를 끈질기게 설득하며 서울에서 같이 공부하기를 원했다. 그래서 나도 이때부터 서울로 갈 결심을 하였고 고향 친구들과 자연스럽게 소식이 끊겨 멀어지게 되었다.

우리 집에 양어머니는 내가 공부하겠다고 하면 너무 싫어하셨는데 많이 배우면 '뇌'가 상한다고까지 하면서 극구 말리셨다. 내가 틈만 나면 책을 읽었기 때문이다.
논밭과 소를 팔아서 자식 공부시키려는 게 부모 마음인데 양부모들은 돈이 아까우셨는지 자식이 공부한다면 도시락 싸 들고 말리듯 하셨으니 참으로 아이러니하다.
나는 그럴수록 서울에 가서 공부도 할 겸 이 집을 벗어나고 싶었다.
하지만 지원이 없으니 유학은 꿈도 꿀 수 없었다.
시간이 갈수록 나는 끊임없이 향학열에 불타 밤늦게까지 공부에 매진했다.

주경야독으로 책을 읽고 이불을 뒤집어 써가며 양부모 몰래 공부했다.
춘삼이가 예술대학에 다니며 나를 또 서울에 오라고 연락하여 신입생 시험을 보라고 권유하였다.

드디어 나는 부푼 기대감을 안고 서울로 향했다.
마침 양어머니 자매인 이모가 살고 계신 집으로 갔다. 서울역에서 전차를 타고 을지로 4가 국도 극장 앞에 하차하니 상패와 트로피를 만드는 '국도 상사'라는 간판이 보였다. 그곳이 이모부 가게였다. 집은 전찻길을 건너 골목길로 들어가니 방 두 개만 있는 판잣집이었다. 다섯 식구가 살기에는 불편한 작은 집이었다.(전차는 1969년에 철거되어 지금의 지하철로 바뀌었다.)

이모님에게는 1남 2녀(태용 탤런트 김흥표 아버지, 태자, 태숙)가 있었다. 나는 서울까지 짊어지고 간 쌀 한 말을 내려놓으며 시험 보는 동안만 신세 지겠노라고 말씀드리고 며칠을 지내게 되었다.
서울에 아는 사람이라고는 지금 이모네와 친구 춘삼이 밖에 없었다.
그러니 나는 춘삼이 말만 믿고 서울로 유학 온 셈이다.
나는 예술대학 문예창작과 야간부에 입시 원서를 접수하였다. 닥쳐올 일은 나중에 생각하기로 하고 무작정

밀어붙이기로 했다.
평소에 주경야독으로 공부하였고, 대학입시 검정고시에 합격한 실력이므로 자신 있었다.

합격 후 이때 나의 꿈은 예술인이 되는 것이었고 소설가나 영화배우가 되고 싶은 문학 소년이었다.
시험이 끝난 후 집에 와 보니 군대 징집 영장이 나와 있어서 만 20세가 되던 해에 군대에 가야 했다.
그 시절에는 국민의 3대 의무인 병역의 의무는 만 20세가 되면 가야 하는 시기였다.
그러니 우선 군대를 먼저 갔다 오고 나서 3년 뒤 다시 등록하기로 했다.
합격을 해도 어차피 양부모님들이 학비 지원을 해주지 않을 테니 군대를 다녀와 돈을 모으고 제대 후 아르바이트를 해서 학비를 마련할 셈이었다.
생부모님께 말씀드려볼까도 생각했지만 나 때문에 친부모와 양부모 간에 형제분들이 다투거나 신경 쓰실 것이 두려워 아에 입밖에도 꺼내지 않았다.

논산 훈련소에 입소하였는데 나와 형 그리고 궁화리에 죽마고우인 윤학용 친구와 셋이서 같이 가게 되었다.
마침 가을이라 여름보다는 고생이 덜했지만, 그 당시 훈련소의 식사는 열악하였다. 납작 보리밥에 물을 말면

쌀벌레가 둥둥 떠올랐고 반찬은 김치 깍두기와 꼴뚜기, 된장국이 전부였다.
그러니 한창 혈기왕성할 나이에 늘 배를 곯아야 했고, 남의 밥까지 훔쳐 먹은 한 훈련병은 내무반장인 상병에게 엄청나게 맞기도 했다.

한 내무반이 100명이었는데 두 개조로 나누어 50명씩 식사도 하고 잠을 자며 8주간의 훈련을 하고 나면 3년 동안 생활할 기성 부대로 배치가 된다.
훈련병 때 가장 힘들었던 기억은 사격훈련이었다.
그 당시엔 군기 잡는다는 명목으로 기합과 매질이 심할 때이기도 하고 위험한 총을 들고 훈련하는 거라 특히 더 맞으며 훈련했다.
다행히 나는 운이 좋아 군 제대할 때까지 다섯 대 맞았는데 전체기합 받을 때 엉덩이 빳다를 맞은 것이 전부였다.
고문관일수록 기합을 더 받는다.
군대에서 고문관이란? 상대방이 하는 말의 의도를 정확하게 파악하지 못하고 눈치가 없어 불편하게 만들며 어리버리한 행동을 하는 병사를 지칭하는 군대 은어이다.

어려서부터 영리하다는 말을 듣고 자랐고 작은할아버지가 저놈 눈빛 값 좀 하겠다는 말 덕분인지 훈련병 내무반장이 첫날 50명을 세우고 날카로운 눈빛으로 쭉 훑어보면서 나를 가리켰다.
"너...키 큰 놈 나와"
나는 무슨 잘못이라도 했나 싶어 내심 쫄았는데
"너 향도 해" 하며 명령을 내렸다.
아마도 덩치와 눈빛을 보고 리더감으로 생각한 듯 보였다. 군대에서 향도란 학교에서 반장과 같은 역할이었다. 향도는 아침 기상 후 점호받을 때 50명에게 큰소리로 번호 하면 50명의 훈련병이 차례로 하나, 둘, 셋...오십 번호 끝이라고 해야 한다.
식사 전에는 '고향에 대한 묵념'이라고 큰소리로 통솔해야 하고, 끝나면 '전원 식사 실시'라고 외친다.
식사가 끝날 때쯤 '동작 끝'이라고 하면 아무리 밥이 남았어도 더이상 먹지 못한다. 만약 어길 경우 내무반장으로부터 기합을 받아야 한다.
그래서 같이 간 친구 윤학용은 나를 볼 때마다 '식사 끝' '동작 그만' 좀 늦게 하라고 불만을 털어놓기도 했다. 학용이 친구는 지금까지도 고향을 지키며 동네 궂은일을 도맡아 한다. 우리 부모님이 돌아가셨을 때도 염까지 하여 묘지까지 쓰면서 힘써준 잊지 못할 친구이다.

아까도 말했듯이 훈련병은 사격훈련에서 가장 심하게

기합을 받는데 탈락했을 경우에는 더욱 심했다.
M1 총으로 과녁을 향해 쏘았을 때 총탄이 양궁처럼 100점 90점 80점 순으로 있어 여러 발 중 100점에 없는 경우는 무릎을 꿇고 기어야 했다.
M1 총구를 거꾸로 철모 위에 들고 총이 쓰러지지 않게 양손으로 가는 총구를 양손으로 잡고 엉금엉금 기어야 하니 여간 고통스러운 게 아니다.
나만 빼고 나머지 훈련병들은 모두 다 이런 자세로 기합받는 것을 보고 너무 안타까웠다. 나는 훈련병 시절이나 기성 부대에서도 개인적으로 기합받은 적이 한 번도 없어서 다행이었다.
나는 잠시 부산 영도다리 옆 부산 시청 자리에 있던 제3 육군병원에 입원한 적이 있었는데 이때도 마찬가지로 기합받은 적이 없어 군대는 요령이라는 말을 실감케 했다.

훈련병 시절에 내무반 전체가 기압을 받을 때도 '향도는 열외'라고 하여 맞지 않았다. 내가 빳다 다섯 대를 맞은 것은 후방에서 전방으로 포천 제6군단 보급창고에서 근무할 때였다.
선임병이었던 병장이 제대하면서 추억을 만든다고 단체 기합을 주었고 그때 맞았다.
이등병 때는 모자를 벗으면 계급장이 보이지 않으니 모

르는 선임 중에는 내가 장교인 줄 알고 경례를 붙이던 일화도 있는데 참으로 민망하기 짝이 없었다.

제대 말년에 휴가를 가는 선임 중에 군복과 군화를 새 것으로 입고가고 싶어 보급계인 나에게 잘 보이려고 애쓰던 선임도 있었으며 병사식당에 가면 특식이 나오는 날 고기만 한 그릇 담아서 취사반장이 슬쩍 내 앞에 내놓기도 하였다.
그래서 군대는 계급보다 직책이 중요하였다.
군복과 군화 담요 그리고 담배, 건빵, 치약, 칫솔, 양말 등등 하나라도 새것으로 더 얻고 싶어서 나에게 잘 보이려는 것이었다.
심지어 구내 이발 병사 최희태는 내가 군대를 제대하면 자신의 큰형님이 신설동에서 큰 사업을 한다고 취직시켜주겠다고 하며 환심을 사려고 하였다.
나는 그 말에 들뜬 가슴으로 제대만 하면 취직할 곳이 생겼다는 안도감이 들면서 굳게 믿고 있었다. 그래서 나는 최희태에게 잘 대해 주었다.
군복, 군화, 모포를 선물로 받아간 이발 병사 최희태가 먼저 제대하고 내가 제대한 후 최희태가 알려준 대로 찾아가 보니 신설동과 제기동 사이 개천 옆에 자그마한 철공소였다.
그제 서야 속은 것을 알았고 허탈한 마음이 들었다.

내 인생에서 첫 번째 사기를 당한 사건이었다.
삼국지에 머리 뒤통수 꼭지가 뾰족하게 나온 사람은 배신자나 사기꾼이 많다고 하더니 최희태가 그러하였다.

그 이후로 그 친구를 한 번도 볼 수가 없었고 고향이 완도라는 얘기만 들었다.
최 씨와 무슨 연유인지 초등학교 때 왕따시킨 최광식에 이어 두 번째로 최희태와의 악연이었다.
남자들이 모이면 군대 얘기와 축구 얘기뿐이라고 하더니 군 생활은 두고두고 생각이 많이 난다.
모르는 사람들이 모이다 보니 자기 집에 금송아지 없는 사람이 없고 말하는 걸 보면 모두가 금수저였다.
하지만 그중에 진짜 금수저가 있었다.
군대에서 직책을 맡을 때 행정병이라도 사수가 있고 조수가 있다.
내가 사수일 때 조수로 들어온 김종훈 이병은 서울 중구 오장동에 사는 병사였다.
행정병으로 보직을 받기 위해 돈으로 빽을 써서 온 병사였다.

하루는 조수 김 이병이 주말이 되자 1박 2일로 외출 신청을 하면서 나보고 "사수님 저희 집에 같이 가서 하루 자고 오시지요?"라고 물었다.

나는 "어 그래도 되겠어?" 하고 물으니
"그럼요 부모님께 미리 얘기해 놨어요. 그리고 외출증도 사수님 것까지 두 장 받아놓았어요." 하는 것이었다.
우리는 토요일 정오가 되어 점심 식사 후 외출 준비를 하느라 들떠 있었다.
외출은 다음 날 저녁 6시까지만 귀대하면 되었고 시간이 지나면 탈영병으로 간주하여 처벌을 받아야 했다.

6군단은 포천 소흘읍에 있어서 의정부와 창동을 거쳐 서울 시내까지는 비포장도로라 대중교통으로 꽤 걸렸다. 대중교통이라고는 영종여객 시골 버스밖에 없었고 전방에 군인들이 많아 버스마다 군인들로 가득 차 늘 만원이었다.
군 생활을 하면 일주일만 지나도 외출하고 싶어서 앞다투었지만, 외출비가 없어서 못 나가는 병사들이 더 많았다.
그때는 월급이 없던 시절이라서 주로 의정부까지 외출 나온 병사들이 주로 찾는 곳은 의정부 시내 창녀촌이었다. 위생병 말에 의하면 외출만 나갔다 오면 성병에 걸린 병사들이 많아 치료해주기 바쁘다고 하였다.

성병은 주로 임균으로 성교로 옮기는 전염병이라서 성교 후 남자는 일주일 안에 성기 요도에서 농이 생겨 누렇게 고름이 나온다. 만약 임질을 방치할 경우 불임은 물론 성불구자가 될 수 있으며 성교하는 상대인 여자에게 전염시킬 수 있다. 위생병은 의대 재학생이었기 때문에 성병에 관한 상식이 많았다.
또한 임질균에 전염된 여자는 6개월이 지난 후에야 자각 증상이 나타나기도 한다고 하였다. 음부에서 악취가 나면서 농이 나오면 냉증인 줄 알고 방치했다가 불임으로 이어지기도 한다.

성병을 치료하는 병사들은 항생제 주사인 페니실린을 맞아야 하며 항생제 약을 일주일 정도 복용해야 완치가 된다.
치료 기간 중 성교를 하면 상대방 여자에게 전염이 되므로 만일을 대비해 치료가 끝나도 한참 후에야 성생활이 가능하다고 주의를 시킨다.
그러므로 화류계 여자들과 관계를 할 때는 반드시 콘돔을 하라고 당부한다.

성병에 걸린 것을 조사하기 위해 점호시간에 가끔 침상 끝에 나란히 소대원들을 쭉 세워 놓고 팬티를 무릎 아래로 내리라고 한다. 중대장이나 선임 하사가 고무장갑을 끼고 병사들 한 명씩 성기를 꽉 잡고 훑어 내린다. 그러면 요도 끝에 누런 고름이 나오면 성병 환자이고 깨끗하면 이상이 없는 것으로 간주한다.
이때 동료 병사들의 감추었던 치부를 낱낱이 다 보게 되는데 무모증에서부터 아기 고추인 단소와 반대로 대물인 것까지 각양각색이었다. 101번째 발간되는 <구사일생 탈북녀>에서 돈을 숨긴 것을 찾아내려고 자궁까지 검사하듯이 인권이 없었다.

조수 김 이병 집으로 가기 위해 종로 5가 버스 정류장에서 내려 청계천을 건너니 을지로 5가 중부시장 뒤로 커다란 저택이 보였다.
김 이병은 그 집이 자기 집이라고 하면서 나를 데리고 들어갔다.
김 이병의 아버지는 체구가 당당하니 사장님 같아 첫인상이 범상치 않아 보였다. 어머니는 곱고 인자해 보였으며 우리가 들어가고 막 귀가하던 여동생은 이화여자대학에 다닌다고 하였다.
김 이병이 처음 외출인지라 가족들이 더욱 반기며 나까지 환대해 주었다.
자신의 부모에게 나를 사수라고 소개하니 사수가 마치 중대장이라도 되는 것처럼 여기며 후하게 대접해 주셔서 몸 둘 바를 몰랐다.

김 이병과 나는 병장이다 보니 계급 차이가 많아 나를

전 병장님이라고 부르시면서 깍듯하게 대하셨다.
김 이병은 자신의 여동생 김정아가 이대 가정학과에 다니는데 전 병장님이 마음에 드시면 소개해 드릴까요? 하면서 생각지도 않은 말을 건넸다.
떡 줄 놈은 생각지도 않은데 동생에게 물어보지도 않고 너스레를 떨었다.
나는 거절하면서 "아니야 이제 갓 대학생인데 벌써부터 무슨 연애야"라고 애써 체면치레를 하였다.
내 스타일은 세련되고 날씬한 스타일이 좋은데 몸집이 있어 내 스타일이 아니었다.
이대가 아니라 미국 하버드를 다녀도 첫인상이 별로였다.
어머니를 닮았으면 체구가 알맞고 고왔을 텐데 아버지를 닮아서인지 여장부처럼 땅땅한 모습이라 마음에 와 닿지 않았다.

저녁상은 상다리가 부러질 정도로 차려있었고 오랜만에 맛있게 먹었다.
저녁을 먹고 잠자리에 들어 아침에 눈을 뜨니 쌍화차에 달걀노른자를 띄어서 내주셨다.
아침 식사도 잘 마치고 커피가 귀한 시절인데 커피까지 대접을 받고는 귀대를 하기 위해 일어섰다.
김 이병의 아버지는 중부시장 건어물 경매 사업을 하시

는데 우리가 나서려고 하니 우리 아들을 잘 부탁한다고 하시면서 봉투 하나를 건네셨다.
뭐 필요한 게 있으면 쓰라고 하시면서 건네셨는데 나는 식사대접을 잘 받고 신세까지 지었는데 무슨 봉투냐고 극구 사양했지만, 군복 주머니에 기어코 꾸겨 넣으셨다.

귀한 외아들에게 기합이나 고통 주지 말고 잘 부탁한다는 뜻이었다. 소금 먹은 놈이 물 켠다고 하룻밤 잘 지내고 귀대하여 김 이병을 더 신경 쓰게 되는 건 어쩔 수 없는 인지상정인 듯싶었다.
봉투를 열어보니 100만 원의 꽤 큰돈이 들어있었다.
나는 그 돈으로 나중에 사회생활에 필요한 입사하여 입을 양복과 하숙비 일부를 내는데 큰 보탬이 되었다.

군에서 취직 사기를 맞은 후 신문광고에 난 '출판사 관리사원 모집'을 보고 찾아갔다. 그런데 아이러니하게도 회사가 중구 오장동 중부시장 김 이병네 집과 얼마 떨어지지 않은 곳이었다.
회사 면접 후 합격이 되어 가까운 곳에 하숙집을 구했는데 김 이병네 집 바로 옆 쌍둥이처럼 나란히 붙어있는 이층집으로 들어가게 되었다.
나는 김 이병 아버지가 주신 돈으로 처음 서울 생활을 시작하게 된 셈이다.

그래서 혹시라도 김 이병 부모님이나 동생을 만나지나 않을까 늘 긴장이 되었다.
이런 걸 세상은 넓고도 좁다고 하는 걸까!
아이러니한 일이 한두 가지가 아니었다.

사회생활을 하는 동안 나의 삶은 파란만장한 생활의 연속이었다.
그래도 그중에는 기분 좋은 일, 지금도 가끔 미소짓게 만들었던 일들이 많은데 지면에 쓰기에 분량이 넘쳐 다 쓸 수가 없다.
군 생활 전반기인 일등병 때 부산 육군병원에 간 일이 있었는데 그때 작대기 두 개인 일병이 간호장교였던 장순조 대위와 손잡고 부산 용두산 공원으로 데이트간 일, 첫 자대배치 때 PX로 차출된 일, 웅변대회 원고를 쓰고 보초 서면서 외웠던 일 그리고 웅변대회에서 일등했던 일(이 일은 이어서 나오는 책 <파란만장 구사일생 탈북녀>에 6.25사변을 상기하는 웅변대회에서 언급된다.)
이때 웅변대회에 나가보라고 권유했던 배태덕 중위의 좌우명이 '건강과 독서'로 나와 좌우명과 같았던 일
집으로 보낼 편지를 검열하다가 나의 문장력이 남다르다고 선임자들의 연애편지를 대필한 일 등 지나간 세월 속에 내 마음 한편에 자리 잡고 있다.

3. 여행으로 성장하다.

　온양온천에서 가장 친하게 지내던 춘삼이 친구는 서울로 이사 가서 없었고 나는 대전 충남 대학에서 치른 대입 검정고시에 합격한 후였다.
오희명 친구는 육군 대령 전역 후 지금은 미국에 살고 있으며 천안 공고에 같이 다녀 가장 친했던 구희창과 방경수 두 친구와 나는 열아홉 살이 되던 해 내년이면 군입대로 3년간 헤어져야 하므로 머리를 식힐 겸 여행을 하기로 했다. 우물 안 개구리처럼 고향밖에 모르고 살던 우리가 세상 물정도 알아볼 겸 제주도로 무전여행을 계획하였다.

제주도 가는 비행기가 없던 시절이었고 무전여행이니 우선 기차를 무임승차 하기로 하였다. 식사는 취사도구를 가져가 밥을 해 먹기로 하였고 숙소는 여름철이라 야영을 하기로 했다. 젊은 혈기에 용기 하나만으로 제주도 한라산을 도전하기로 한 것이다.

젊어서 고생은 사서도 한다고 하였던가!
한달 간의 고생문이 열리기 시작하여 작업복 상의와 청바지에 군화를 신었고 배낭은 무거웠다.
한 사람은 취사도구를 또 한 사람은 식량과 반찬을 그리고 나머지 친구는 침구와 텐트를 각자 맡았다.

무전여행 출발 디데이가 정해지자 나는 고시 공부에 열중하느라 그 당시 여자친구가 없었지만 구 희창 친구는 신정호수에 사는 여 필구 친구의 여동생인 여 경자와 사귀었고, 방 경수는 여경자 소개로 방축리에 사는 같은 성씨인 방 영자와 사귀고 있었다.
무전여행을 떠나는 게 마치 전쟁에라도 나가는 것처럼 어린 친구들은 여자친구들과 매일 만나며 떨어질 줄 몰랐다. 나중에 군대를 다녀와 보니 오빠만 기다리겠다던 여 경자는 다른 남자와 결혼 하였다. 구 희창도 영민면에 사는 여자와 결혼하였고, 방 경수는 같은 성씨(온양 방씨)라고 부모님이 반대하여 여자친구가 다른 남자에게 시집가자 혼자서 자살하고 말았다.
방 경수 부모님은 외아들이자 3대 독자라 애지중지 귀하게 키웠는데 아들이 죽자 한숨 속에 자책하시다 신병을 얻어 두 분도 세상을 떠나셨다.

우리 셋은 부모님께 여행 허락을 받고 여행 비용을 얻

었으나 모두 턱없이 부족하여 기차표와 제주도를 가는 여객선 값을 치를 수 없었다.
첫 코스는 천안역에서 전라선 완행열차를 타고 남원역에서 내리는 데만 하루가 걸렸다. 그 시절에는 어렵게 살고 사회도 질서가 잡히지 않아 입석으로 무임승차를 하는 사람들이 부지기수였다.
우리 셋은 저녁때가 되어 무사히 남원 역에 내려서 바로 남원 광한루 정자에서 첫날밤을 보내기로 하였다.
그때 모기에 얼마나 심하게 물렸는지 밤새 고생하여 몇 십 년이 지나도 가려워서 긁었던 기억이 생생하다.

나는 고전소설<춘향전>을 읽어서 광한루와 오작교, 월매 주막에 대해 잘 알고 있었다.
작가의 상상으로 사실감 있게 그린 <춘향전>을 바탕으로 광한루가 지어졌다.
전라북도 남원시 천거동에 있는 광한루 누각은 조선 태조 때 황희정승이 세웠으며 인조 16년(1638년)에 재건하였다. 남원이 소설<춘향전>의 배경이 되어 유명해졌으며 경내에 춘향의 사당이 있다. 절개 깊은 춘향이의 영정은 상상으로 그려진 이미지이다.

그런데 희창이와 경수는 실존 인물이라고 우겨댔다.
월매 딸 성춘향과 사또 자제인 이몽룡이가 연인이 되어

새로 부임해 온 변 사또의 수청을 거절한 춘향이의 절개가 워낙 유명하다 보니 실화로 착각하는 것이다.
얼마나 둘이서 우기던지 자신들이 사귀는 경자와 영자도 춘향이 또래라서 자기들도 영원히 사랑하고 절개를 지켜줄 거라고 믿고 싶었던 것 같다. 하지만 여자의 마음은 갈대와 같아 일장춘몽(一場春夢)이 되고 말았다.

우리는 역사 이야기를 하며 잠이 들었지만 유독 모기에 예민했던 나는 도저히 잠을 잘 수가 없었다. 긴 옷을 입고 손만 내놓았는데도 손등과 목, 얼굴을 물려 잠을 설쳤다.
아침이 되어 나는 모기 물린데 바르는 약부터 사러 남원 시내를 찾아 헤맸다. 그리고 밤에 장갑을 끼고 자려고 장갑도 사 들고 돌아오니 친구들이 아침밥을 지어 기다리고 있었다. 여행에 처음으로 밥을 지어 우리는 광한루에서 첫 식사를 하였다.

둘째 날은 남원역에서 여수까지 가는 코스였다.
천안에서 남원에 올 때처럼 완행열차는 지루하기가 이루 말할 수 없었다.
에어컨과 선풍기 같은 건 당연히 없었고 하루에 한 번 다니는 열차라 사람이 인산인해로 입석도 꼿꼿이 서서 가야만 했다. 하도 지겹고 힘들어 여수역 몇 정거장을 남기고 미리 내렸다.
우리가 내린 곳은 해변에 어촌 농촌이 어우러진 가난한 시골 마을이었다.
마침 자그마한 마을에 잔치가 벌어졌는지 시끌벅적하여 들어가 보니 61세 생일을 맞은 환갑 집이었다.
그때만 해도 61세면 오래 사셨다고 하여 장수를 축하하였고 자손들과 일가친척 그리고 동네 사람들이 함께 모여 먹고 마시는 잔치를 치렀다.
잘살든 못살든 일생에 한 번 열리는 행사였다.
우리는 염치불구하고 들어갔더니 거지도 많을 때라 그런지 젊은이들이 불청객으로 찾아왔는데도 한 상 차려 주었다.

난생처음으로 전라도 음식을 먹어 보았다.
해변가라 그런지 해산물이 많았고 안 먹어 본 낯선 음식들이 익숙지 않았다. 특히 가난한 집이라 진귀한 음식은 별로 없었으나 시장이 반찬이라고 한 상 가득했던 음식을 삽시간에 모두 비워 설거지한 것처럼 깨끗했다.
저녁을 배불리 먹고 달빛 아래 해변을 거닐며 여수 쪽으로 발을 옮겼다.

지금은 여수가 해상케이블카, 이순신 광장, 벽화마을, 예술랜드, 큰끝 등대, 항일 암 등 가볼 만한 곳이 많지만 그때는 오로지 자연 그대로인 '오동도'뿐이었다.
오동도는 전라남도 여수시 수정동에 딸린 섬으로 멀리서 보면 오동잎처럼 보이고 예전부터 오동나무가 유난히 많아 오동도라 불리었다. 음식으로는 여수 돌산에서 나는 갓으로 만든 갓김치가 유명하다.

우리는 여수에서 제주도로 가는 여객선이 있는 줄 알고 여수까지 왔는데 제주도를 가는 배는 목포와 부산밖에 없었다. 부산에서는 11시간이 걸리고, 목포에서는 8시간이 걸려 우리는 여수에서 야영하기로 하고 다음 날 목포로 가기로 하였다.
남해선은 부산, 마산, 진주, 순천, 송정, 광주, 나주를 거쳐서 목포까지였다. 그러니 여수에서 순천까지 가서 송정역에서 호남선을 갈아타야 목포까지 갈 수가 있다.

지금은 고속도로와 KTX, 항공편이 있어 1일 생활권이지만, 완행열차만 있던 시절에는 여수, 광주, 목포는 까마득한 거리였고 제주는 외국이나 마찬가지였다.
기찻길 철로가 없어서 강진 해남은 못 들리고 막 바로 여수에서 송정까지가 또 하루 걸렸다.
송정에서는 호남선을 기다려야 하니 남원, 여수, 송정에서 각각 하루씩을 보내야 하는 상황이었다.

송정은 내륙이라 호남의 곡창지대로 넓은 평야였다.
한여름인지라 논에는 벼가 푸른 물결을 이루며 끝도 없이 펼쳐져 있어 장관이었다.
여행하지 않았으면 지금까지 다녀온 남원, 여수, 송정은 말로만 들었지 어떤 곳인지 상상하지도 못했을 것이다. 그래서 여행은 견문이 넓어지고 안목이 트이게 한다.

다음 날 나주를 거쳐 목포에 도착하니 유명한 유달산을 그냥 지나칠 수가 없었다.
전남 목포시 죽교동 산27-3 에 위치한 유달산은 노령산맥의 큰 줄기가 무안반도 남단에 이르러 마지막 용솟음을 한 곳이다. 유달산 면적은 140ha, 높이는 228m 로 그리 높지는 않지만, 노령산맥의 맨 마지막 봉우리이자 다도해로 이어지는 서남단의 땅끝인 산이다.
유달산은 예로부터 영혼이 거쳐 가는 곳이라 하여 영달산이라 불렸으며 도심 속에 우뚝 솟아 목포시와 다도해를 한눈에 굽어보며 이곳 사람들에게 끊임없이 예혼을 일깨우고 있다.

목포는 유달산에 이어 삼학도가 유명하다.
이곳의 전설은 유달산에 사는 한 젊은이를 사모한 세 여인이 기다리다 죽어 세 마리 학으로 환생하였고, 그 사실을 모르는 무사는 세 마리 학을 향해 활을 쏘아 화살이 명중하여 학이 모두 유달산 앞바다에 떨어져 죽어 그 자리에 세 개의 봉우리가 올라왔다고 한다.
삼학도는 본래 목포에 땔감 나무를 제공하는 곳이었다. 우리가 다녀온 후 목포 앞바다를 메꾸어 간척지로 육지가 되어 지금은 옛 모습을 볼 수가 없다.
현재는 어린이 바다 과학관, 김대중 노벨 평화상 기념관, 미니 골프장, 요트 마리나가 있어 관람 및 스포츠를 즐길 수 있다.

유달산에서 하룻밤을 보낸 다음 날 목포 여객 터미널에 가서 제주행 여객선을 타러 갔다.
배는 저녁에 출항하여 다음 날 아침에 제주항에 도착한다. 배를 타기 위해서는 도민증이나 학생증을 제시해야 하며 따라서 승선 기록 작성과 함께 승선표를 입구에 제출해야 한다.
그러니 무임승선은 아예 처음부터 차단된 상태였다.
지금의 주민증인 도민증과 승선표는 만약에 배가 침몰하게 되면 신원파악을 하기 위해서였다.
우리는 학생증을 제출하여 50% 할인으로 반값에 승선할 수 있었다.
하층에는 자동차와 화물을 가득 실려있고 1층에는 텅

빈 교실 같은 곳에 사람들이 질서 없이 누워서 자리를 잡고 있었다. 2층은 일등칸으로 원룸 형태의 침실이었고, 3층은 갑판 위 선상으로 바다 위 야경을 구경하는 곳이었다.

배가 부-웅 하고 고동 소리를 울리더니 드디어 출항을 알리며 제주도로 향했다.
배는 출렁대는 파도를 타면서 열심히 달렸다.
처음 타보는 여객선인지라 잠시도 눈을 떼지 못하고 밤길을 달리는 배에서 남해의 다도해를 바라보니 기분이 좋았다.
얼마를 지났는지 달빛에 비친 검은 땅덩어리가 앞을 캄캄하게 막는 것 같았다. 깜짝 놀라 옆에 있던 손님에게 저게 무엇인지 물어보니 흑산도라고 하였다.
말로만 듣던 그 흑산도를 멀리서 보니 섬이 까맣게 보였다. 전라남도 신안로 흑산면에 있는 흑산도는 목포에서 남쪽으로 93km 떨어져 있는 섬이다. 해안 길로 42km이며 인구는 1,200세대 2,000여 명이 있다. 섬의 95%가 상록수로 이루어져 있어 멀리서 바라보면 검게 보여서 흑산도라 일컬었다.

흑산도 하면 우리에게 여러 가지가 떠오르게 한다.
흑산도는 홍어의 산지이며 섬안의 섬 홍도가 있어 관광

지로도 유명하다.
섬이라 하면 공을 차면 바다에 빠질 정도의 작은 크기라 생각되었는데 흑산도를 보니 섬의 크기가 너무 커 놀랐다. 예리항의 어선들과 북적이는 관광객들을 보면 또 한 번 놀란다.
흑산도 하면 생각나는 일이 있는데
지인 중에 불륜으로 1박 2일 흑산도와 홍도를 여행하고 왔다가 간통으로 체포되어 목포경찰서로 압송된 일이 있었다. 유치장에 있다가 실형을 받고 옥살이하다 풀려났는데 그 뒤로 남몰래 숨어서 밀월여행으로 소문난 곳이 홍도이기도 하다.

11개의 섬이 모여 흑산도가 그 중 구심적인 기능을 하기도 한다. 대둔도, 영산도, 다묵도, 장도는 흑산도를 빙 둘러싸고 있으며 더 멀리는 홍도, 가거도, 상태도, 중태도, 하태도, 만재도 섬들이 모여 흑산면을 이루고 있다.
박경리 소설에 나오는 파시란?
고기가 한창 잡힐 때 바다 위에서 열리는 생선 시장이다. 3대 파시로는 연평도, 흑산도, 부안 위도가 있다. 파시가 열리면 흥청망청 돈을 쓰기 때문에 개들도 만 원짜리를 물고 다닌다는 풍요로운 섬이다.

목포에서 흑산도까지는 3시간 거리이며 제주까지는 5시간을 더 가야 한다. 들뜬 마음에 날밤을 세며 선상에서 바라보니 새벽 동이 트기 전 멀리서 커다란 뭉치의 땅이 어렴풋이 보이는 게 제주도였다.
점점 시간이 갈수록 그 모습은 자태를 드러내며 내 마음을 설레게 하였다. 웅장한 한라산의 모습까지 한눈에 들어왔다. 우리는 자신도 모르게 '와'하며 소리쳤고 야-호 하며 벌써부터 산울림을 울려댔다.
이래서 젊음은 열정과 지치지 않는 생명력이자 곧 청춘이다.
청춘이란? 새싹이 파랗게 돋아나는 봄철이라는 뜻으로 십 대 후반에서 이십 대에 걸치는 인생의 젊은 나이나 그런 시절을 말한다. 그러므로 청춘 시절에 읽은 책과 견문을 넓히는 여행은 자신의 앞날에 많은 영향을 미친다.

배는 항구에 있을 때가 가장 안전하다.
하지만 배는 항구에 머무르기 위해 만들어진 것이 아니다. 여행도 그렇다. 편안하고 안전한 여행도 좋지만, 여행의 본질은 어쩌면 사막에서 햇빛을 맞으며 남극의 눈보라와 싸우며 세계 끝까지 발자국을 남기며 쫓다 보면 심장은 뜨거워지고 발바닥은 진물이 난다. 이렇게 한 여행이 더 오래 깊게 남는다.

여행이란? 일이나 유람을 목적으로 다른 고장이나 외국에 나가는 일이다. 자기 거주지를 떠나 객지로 여행하는 이유는 단순히 즐기기 위해서, 탐구와 정보를 얻기 위해서, 자원봉사나 종교적인 이유, 사업차 출장 등 형태는 여러 가지이다.

성인(聖人)들의 말씀에는 올바른 인간이 되기 위해 다섯 가지 경험을 꼭 해보라고 권했다.

삼천리를 여행해보고,
삼천 명을 겪어 보고,
삼천 권의 책을 읽고,
삼 년을 남의 집에서 살아보고,
삼백 냥의 돈을 써봐야 한다.

그러면 경험을 통해 철이 나고 인생을 터득하게 된다고 하였다.

그러므로 여행은 삶의 일부이며 꼭 필요한 부분이다.

4. 삼다도 제주

조선 말기(1844년) 서예가이자 문인인 김정희가 제주도에서 유배 생활을 할 때 그린 그림인 세한도는 수묵으로 간단하게 그린 그림이다.
김정희는 추사체라는 글씨나 금석문의 대가 정도로 많이 알려졌으나 세한도 역시 김정희를 대표할 만한 작품이다. 세한도는 날씨가 추워진 뒤 가장 늦게 낙엽 지는 소나무와 잣나무의 지조를 비유한 그린 그림으로 그림 끝부분에 이상적에게 남긴 글이 적혀있다.

세한도는 130여 년 동안 여기저기 전전하다 1930년 일본인 경성대학 교수의 손에 들어갔다.

이후 서예가 손재형(孫在馨 1902-1981)이 그에게 간곡하게 부탁하여 세한도를 양도받았다고 한다. 그리고 손재형이 세한도를 양도받은 지 석 달이 지나 1945년 3월, 도쿄 대공습으로 후지츠카의 서재가 모조리 불타버리면서 그가 수집한 완당의 수많은 작품도 함께 사라졌다고 한다. 그야말로 운명처럼 살아남은 작품이다.

제주도 하면 바람, 여자, 돌이 유명하여 '삼다도'라고 불리지만 나는 김정희의 '세한도'가 먼저 떠오른다. 공부할 때 역사 교과서에서 감명 깊게 본 이후로 머리 속에 각인된 작품이다.
여객선은 제주항에 도착하여 닻을 내리자 승선객들이 우르르 몰려나와 하선하기 시작하였다.
우리는 오라는 데도 없었고, 반겨주는 사람도 없었다.

배에서 내래서 시장기를 때우기 위해 우선 아침밥을 지을 자리를 찾았다.
무작정 걷다 보니 얼마 안 되는 거리에 용두암이라는 곳이 있었다. 나는 밥이나 반찬을 전혀 해본 경험이 없어서 요리는 방 경수가 담당하였다.
그런데 밥 수저를 떠서 입에 넣어 씹었더니 밥맛이 이상하고 너무 짜서 먹을 수가 없었다.
바닷가라 민물이 없어서 바닷물로 밥을 지었더니 제대

로 되지 않았던 것이다.

나는 재빨리 비탈길을 올라 민가를 찾아가 물을 얻어와서 밥을 말아 겨우 먹을 수 있었다. 물을 얻으러 갔던 토담집은 제주도가 바람이 많이 불어서인지 담장이 얕고 돌로 둘러싸여 있었으며 대문도 없이 양쪽 돌에 구멍이 뚫려 있었다. 나무 막대기로 양쪽에 걸어 놓으면 문이 잠긴 것이고 나무 막대기가 한쪽이 빠져있으면 문이 열린 것으로 사람이 있다는 표시였다. 말씨도 마치 다른 나라처럼 방언이 심하여 알아들을 수 없을 정도였다.

용두암

용두암은 바위가 용처럼 생겼다 하여 붙여진 명소로 바닷가 깊은 곳에 자리하고 있었다.

용두암은 제주시 용담동 해안에 위치해 있고 용두암 옆은 높은 절벽을 이루고 있어 동서 지형이 완만해지는 것으로 보아 두꺼운 용암이 흘렀을 것으로 추측된다.

용머리 모양에서 내려다 보면 암석 표면에는 주먹 크기의 둥근 돌들이 박혀있는데 용암이 흐를 때 생긴 것들이다.

무전여행을 할 때는 서귀포까지 가서 나올 때는 한라산 백록담을 넘어서 제주시로 나오기로 하였다. 서귀포로 가는 길은 동쪽으로 가는 길이 있고 서쪽으로 가는 길이 있어서 우리는 성산 일출봉과 성산 폭포를 보기 위해 동쪽 길을 택했다. 나는 무전여행 이후 사업을 할 때 사업차 제주도를 헤아릴 수 없이 많이 가보았다.
인상 깊었던 제주도였기 때문에 그때는 고생하지 않고 비행기로 가서 맛있는 음식도 먹고 샅샅이 둘러보았다.

성산 일출봉

제주도는 10대 명소가 있다.
①성산 일출봉 광치기 해변

②해안도로
③함덕 해수욕장 서우봉
④아름다운 일몰 수월봉
⑤송악산 야외 박물관
⑥천지연 폭포
⑦올레길
⑧억새로 유명한 백약이 오름
⑨산 수국 명소 영주산 오름
⑩유네스코에 등재된 한라산

한라산 백록담

제주항에 도착한 이후 두 발로 걸어서 용두암을 거쳐 성산 일출봉까지 갔다. 앞으로도 서귀포를 거쳐 한라산을 넘어야 하고 제주항에 도착할 때까지 오로지 걸어야 했다. 청춘이니까 삼복더위에도 가능했던 일이었다.

어느새 성산 일출봉도 저녁노을이 물들어 해가 지고 있었다. 이곳은 동쪽이라 일몰은 볼 수 없어 아쉬웠다.
야영할 자리를 찾아다니는데 경동 고등학교 학생모에 교복을 입고 배낭을 맨 학생이 우리 쪽으로 다가왔다.
무척이나 넉살 좋게 우리에게 형님들 무전여행 오셨죠? 하며 먼저 말을 걸어왔다. 우리가 그렇다고 하니 "저는 서울 경동 고등학교 3학년인데 여름 방학 동안 혼자서 제주도 무전여행을 하고 있다고 말했다.
혼자 오니 외롭기도 하고 쓸쓸한데 형님들과 합류했으면 좋겠다고 승낙을 구했다.
학생복 차림에 우리보다 한 살 아래인 것 같아 같은 일행이 되기로 하고 함께 저녁밥을 해 먹고 야영을 시작했다.

동병상련이라 할까!
같은 처지에 있으니 백년지기처럼 하룻밤 사이에 가까워졌다. 우리 일행은 세 명에서 네 명으로 늘어났다.
같이 지내고 아침에 보니 우리가 야영한 자리는 말을 키우는 목장이었다.
우리는 그것도 모르고 목장 초원에 텐트를 친 것이다.
아침이 되자 목장에 제일 먼저 경리사원인 듯한 여자가 출근을 하였다. 그때 경동고 학생 김진영이 사무실로 달려가서 모르고 허락도 없이 야영했다고 사과를 하러 갔다. 그런데 한참이 지나도 되돌아오지 않았고 목장에는 그 여사원 이외에 아무도 출근하는 사람이 없었다. 말들은 어디서 자고 나오는지 수십 마리쯤 돼 보이는 말들이 푸른 초원 위를 누비며 열심히 풀을 뜯어 먹고 있었다. 말들은 미끈하게 잘 생겼고 윤기가 나서 건강해 보였다.

한참 만에 진영이는 두 손 가득 먹을 것을 가지고 나타났다. 얼마나 수단이 좋은지 처음 본 여자에게 아침거리를 얻어왔으니 참 용기가 대단해 보였다.
그리고는 하는 말에 내 귀를 의심하였다.
그녀와 저녁 퇴근 후에 만나기로 했다는 것이다. 그러면서 하룻밤만 여기서 더 머무르자는 것이었다.
우리는 바쁠 것도 없으니 그러자고 하였다.

진영이는 저녁이 되자 다른 직원들이 다 퇴근한 것을 확인하고 그녀와 같이 성산 시내로 데이트를 하러 갔다. 밤늦게 돌아온 진영은 빵과 음료수를 한보따리 가지고 나타났다. 그리고는 내일 또 만나기로 했다면서 또 하루만 더 머물자고 하였다. 하루 배려했는데 또 그러자고 하니 망설였지만, 먹을거리를 계속 가져다주니 나쁘지는 않았다. 우리는 완전히 진영이에게 리드 당하고 있었다.

진영은 다음 날도 먹을거리와 함께 밤늦게 돌아와서는 싱글벙글하였다. 그녀는 나이는 동갑이고 그녀는 올해 여고를 졸업했다고 하였다. 그러면서 흥분된 어조로 난 생처음으로 여자와 뽀뽀를 해봤다고 가슴 떨리고 호흡이 가빠지며 황홀했던 감정을 숨김없이 털어놓았다.
이제 불장난은 그만하라고 하고 다음 날은 서귀포로 향하자고 하였다.

우리는 걸어서 남원읍 시내로 들어서니 국회의원 선거철이라 거리마다 벽보가 붙어있었다. 제주도는 고씨와 양씨 그리고 현씨가 많아 후보들 역시 고씨, 양씨, 현씨가 쌍벽을 이루고 있었다. 그 당시 제주 인구는 35만 미만이지만 지금은 그 두 배가 넘는 70만이다.
넉살 좋은 김진영은 노트와 싸인펜을 들고 고씨 후보 선거사무실로 들어가 싸인을 받으면서 돈 봉투까지 받아왔고 그다음 후보인 양씨 후보자 사무실에 가서 똑같은 방법으로 싸인과 돈 봉투를 받아왔다.
그러고는 봉투 두 개를 오픈하면서 이 돈은 우리 네 사람 여행 경비로 쓸 것이라며 어깨가 으쓱하였다.
마지막은 내가 현 후보 사무실로 가서 싸인과 봉투를 받아 오니 꽤 넉넉해져 빈집에 소가 들어온 기분이었다.

우리도 집을 떠난 지 열흘이 다 되어가자 식량도 모두 떨어진 상태여서 요긴하게 쓸 수 있었다.
서귀포 천지연 폭포 옆에 자리를 잡고 저녁과 아침을 보낸 뒤 한라산 등반을 하기로 하였다.
천지연 폭포는 서귀포시 서흥동에 있으며 폭포의 높이는 22m 너비는 12m~20m 정도로 기암 절별에서 세찬 옥수가 떨어지는 모습이 절경이었다. 이곳은 아열대성 각종 상록수와 양치식물들이 울창한 숲을 이루고 있다. 폭포 아래 물속 깊은 곳에는 열대어 일종인 무태장어가 서식하여 천연기념물 제27호로 지정되었다.

천지연 폭포에서 한라산까지는 푸른 초원과 귤밭을 지나 한나절을 걸으면 나온다. 푸른 초원에서 올라오는 지열은 숨이 콱콱 막힐 정도라 땀이 비 오듯 하여 옷이 땀으로 흠뻑 젖게 된다.
이때만 하더라도 제주도와 한라산을 찾는 여행객들이 별로 없었다. 우선 항공편이 없고 여객선만 있어 교통이 불편하기 때문이다. 사람이 없으니 길을 물어볼 수도 없었다. 처음 가는 낯선 초행길이라 엄청난 한라산의 모습은 보이는데 도무지 길을 찾을 수 없었다. 나침판도 없고 여행지도도 없지만, 의욕만 앞서서 무모한 등반에 도전하였다.

길이 없는 불모지에 풀을 해치고 길을 내가며 가니 두 배로 힘이 들었다. 심지어 단도와 손도끼로 나무를 해치며 가니 시간이 더 걸리고 배는 더 고팠다.
핸드폰도 없던 시절 오직 손목시계 하나뿐이라 저녁이 되니 사방을 분간할 수 없을 정도로 어두웠다. 앞을 나아갈 수 없으니 포기하고 밤을 지낸 다음 아침에 다시 오르기로 하였다.
땀에 젖은 옷을 빨아서 말려 입으려고 하니 한라산은 안개와 비가 잦은 곳이라 여의치 않았다.
삼복더위에 이게 무슨 고생인가 싶었지만, 눈앞에 다가올 군입대를 하면 꼭 이런 여행이 군에서 도움이 될 거라는 생각이 들었다.

백록담 정상을 향해 걸으니 사람 발길이 한 번도 닿지 않아 우리가 개척한다는 마음이었다.
숲이 하늘을 찌를 듯 들어차서 하늘만 빼꼼히 보이고 사방은 모두 나무들뿐이었다. 그래서 더욱 사방을 분간하기 어려워 높은 나무 위로 올라가 방향을 찾을 수밖에 없었다.
한참을 가니 깊은 계곡이 나왔고 계곡은 깎아지른 듯 가팔랐다. 계곡을 건너야 정상으로 갈 수 있을 것 같아 계곡을 건너기로 하였다.
비가 오지 않았는지 계곡물이 말라 있었다.

폭우라도 오는 날이면 삽시간에 물이 차 여름 계곡은 위험한 법인데 그나마 다행이라는 생각이 들었다.
그때 앞서가던 희창이가 '악' 하고 소리를 지르더니 계곡 아래로 떨어져 정신을 잃고 말았다.

나머지 셋은 간신히 서로의 손을 이어 잡고 내려가 희창이의 옷을 벗기고 수통에 있던 물을 먹이면서 정신이 들기를 기다렸다. 수창이의 모습을 보니 허벅지 안쪽에 배낭에 삐죽 나온 단도 칼에 찔렸는지 피가 고여있었다. 우리에게는 소독약이나 지혈할 약조차 없었다. 정말 아찔했던 순간이었다. 꼼짝없이 사면초가가 된 우리는 계곡에 갇히는 신세가 돼버렸다.
만약 폭우라도 오면 더 큰 위험에 처할 위기였다.
다행히 희창이가 정신이 들었으나 몸이 굳어 전혀 움직일 수가 없어서 그나마 조금이라도 움직일 수 있을 때까지 기다리는 수밖에 없었다.
식량은 떨어져 한 끼씩만 먹었고, 뱀도 잡아 구워 먹었으며, 버섯이나 나무 열매를 따 먹으며 연명하였다.

조난신고조차 할 수 없으니 참으로 낭패였다.
나중에 안 일이지만 이 계곡이 죽음의 계곡이라 일컫는 곳이었다. 회복하는데 일주일이 지나서야 다시 친구를 부축해 가며 계곡을 타고 올라가 백록담을 찾아내었다.

백록담에서 내려다보니 구름이 발아래 산 중턱까지 자욱하게 끼어있었고, 백록담은 안개에 싸여 보슬비가 내리고 있었다.
한라산 정상에 있는 백록담은 물이 거의 없고 더러운 물에 사슴이나 고라니와 같은 짐승들만 찾아들었다. 동서로 60m, 둘레가 3km인데 기암괴석들이 병풍을 친 듯 둘러있으며 그 사이로 향나무, 구상나무, 철쭉 등이 우거진 숲을 이루고 있었다. 늘 바람이 세차게 불다 보니 큰 나무들은 없고 키 작은 나무들뿐이었다.
백록담에 눈이 쌓이면 1,950m의 높은 지대로 5월까지 오랫동안 눈이 남아있다고 하여 녹담만설(鹿潭晩雪)이라 한다.

그동안 산을 얕보았는데 이번 기회로 산이 무섭고 험난하다는 것을 배우게 되었다.
한라산 정상을 정복하니 그래도 뭔가 **뿌듯함**을 느낀 우리는 제주시를 향해 하산하였다. 날짜를 짚어보니 벌써 25일이 경과 하였다.
우리 넷은 희창이의 몸이 완전치 않아 천천히 하산하느라 3일이 걸렸다. 제주 시로 들어오니 마치 공비들이 산에 숨어있다가 민가로 내려온 모습이었다. 얼굴은 초췌하게 바짝 말랐고 옷은 더럽고 해져서 완전 거지꼴이었다.

마침 제주도청 광장을 지나는데 국경일 행사로 제주대학교 남녀 학생들이 모여 있는 곳을 지나게 되었다.
우리를 보던 여학생들이 측은하게 쳐다보면서 웃고 있어서 얼마나 부끄러웠는지 모른다.
제주시에서 마지막 밤을 보내고 우리는 한 달이 다 되어서야 집으로 돌아오게 되었다.
신정관이라는 대중목욕탕에 가서 몸무게를 달아보니 키 1m 78cm에 78kg을 유지하던 내 모습이 5kg이 빠져있었다. 그리고 하도 배를 곯았다가 폭식을 하니 소화불량으로 자주 체하고 복통에 설사까지 하여 한동안 아팠다.

구사일생으로 살아 돌아온 것을 생각하면 지금도 가끔 몸서리가 쳐진다. 돈 없이 간 무전여행에서 미친 듯이 걷고, 더위와 싸우고, 굶어가며 무모하게 한라산을 오른 30일간의 기억은 청춘이라는 젊음이 있었기에 가능한 일이었다. 이렇게 힘난했던 경험으로 군입대 하는 것에 아무런 걱정이 없었다.

5. 사회에서의 첫걸음

 하늘이 무너져도 솟아날 구멍이 있다.라고 하듯이 제대를 하고 막막했던 내 삶이 달라지기 시작했다.
난 제대 후 고향으로 돌아갈 생각하지 않고 이모님 댁에서 며칠 먹고 자면서 면접을 보러 다녔다.
찬밥 더운밥 가릴 틈도 없이 첫 면접으로 출판사에 취직하게 되었다.
그리고 바로 하숙집을 구해서 이모님 댁에서 나왔다.
하숙집에 필요한 것이 무엇보다도 책상이었는데 책상이 귀할 때라 제대하기 전 군 목공소에서 부탁한 책상과 의자를 이모 집으로 보낸 후 하숙집으로 옮겼다.

오장동 하숙집은 독방이 아니라 방 하나에 두 명씩 써야했다.
나는 육군 대위 윤 대위와 룸메이트가 되었고 미닫이 창문 사이로 옆방은 여수에서 유학 온 동국대 4학년 학생과 한일은행에 다니는 대전에서 온 은행원이 있었다.

이렇게 4명이 2층 방을 썼고 1층에는 주인집과 여자 하숙생 2명이 있어서 하숙생이 모두 여섯 명이었다. 식사는 아침저녁만 주었고 침구도 제공되었다.
김 이병 아버지 덕분에 여기까지는 일사천리로 해결되었다.
문제는 이제부터였다.
복학하려면 등록금이 있어야 했다.
합격 통지서만 받고 군 입대 통지서와 함께 휴학신청을 해놓은 상태였기 때문이다.

춘삼이는 3대 독자라 6개월 만에 의가사제대를 하여 이미 졸업을 하였고 백수로 허송세월을 보내고 있었다.
하지만 나는 잠시라도 한가롭게 쉴 수가 없어 출판사에 출근하여 우선 돈을 벌기로 마음먹었다.
나는 이때까지는 머리가 나빠진다는 말에 담배를 피우지 않았고 친구와 만나면 술 한 잔씩은 할 수 있었다.
미아리 이모님 댁에서 이삿짐을 옮길 때 춘삼이가 돕겠다고 왔는데 웬 책이 이렇게 많냐며 대학노트는 또 이렇게 많냐고 물었다.
나는 창작을 하려고 많이 읽고, 많이 쓰고, 많이 생각한다고 답했다.
군생활 중에도 독서를 많이 했고 일기를 빠짐없이 써왔다. 그래서 지금까지도 그 습관은 변함없이 계속된다.

다이어리와 금전출납부 포켓용 수첩까지 메모하는 습관은 나의 장점이 되어 언제나 빠짐없이 적어 완벽해지려고 노력하였고 그것이 나의 초석이 되었다.
그런 유전자 덕분인지 우리 자녀들과 손주들도 독서와 메모하는 습관을 그대로 닮았다. 그래서 더욱 손주들을 귀여워하게 된다.
나와 관계없는 사람일지라도 책을 읽는 사람을 보면 다시 한번 쳐다보게 된다.

출판사는 책을 할부로 판매하는 것이 주된 업무였다.
그 시절에는 토요일이 없고 일요일도 없이 근무해야만 했다. 한 달에 두 번 정도만 쉴 수가 있었다.
월급을 받으면 양부모님께 10만 원을 꼭 드리고 나머지로 하숙비와 교통비, 이발이나 목욕비 등등으로 쓰면 남는 돈이 거의 없었다.
그래서 저축을 하기 위해 하숙집을 더 저렴한 곳으로 옮기기도 했다.
룸메이트인 윤 대위는 수도경비사에 근무하는 총각이었는데 하숙집에는 거의 들어오지 않았다. 필동에 있던 수경사는 하숙집에서 걸어서 얼마 되지 않는 거리였다.
어쩌다 들어오면 어디서 먹고 자느라 안 들어 오냐고 물어봤더니 기다렸다는 듯이 자기 자랑을 늘어놓았다.

윤 대위 말은 육군 대위에 총각이니까 여대생을 비롯해 직장에 다니는 아가씨들까지 처녀 사냥을 하느라 바빠서 못 들어 왔다고 말했다.

윤 대위 얘기를 들어보니 1955년 70명의 처녀를 결혼할 것처럼 유혹하여 순결만 빼앗고 오리발을 내밀던 박인수 사건이 생각났다.

그러다가 그녀들에게 혼인빙자 간음죄로 고소당하면 대위 군복도 벗어야 하고 불명예 퇴직을 당할지도 모를 일인데 어쩌시려고 하냐고 말하니

윤 대위는 코웃음을 치며 합의된 관계는 처벌받지 않는다고 의기양양하게 말하면서 박인수도 재판 결과 무죄로 석방되었다고 말했다.

참고로 박인수 사건을 돌이켜보자면 민간인이었던 박인수는 헌병 대위를 사칭해 70여 명의 여인을 농락하였다. 중학교를 중퇴 하고 헌병 부사관으로 근무 중 애인이 고무신을 거꾸로 신고 도망가자 타락하기 시작했고 그때부터 여자들에게 보복을 일삼았다. 동쪽에서 뺨 맞고 서쪽에서 분풀이하는 격이다.

요즘도 서울대 의대에 수석으로 입학한 천재 남학생이 여자친구가 변심하여 헤어지자고 말하자 살인한 사건이 있고, 강남 살인 사건도 여자에게 배신당한 것을 보복하여 일어난 살인 사건이다. 철없는 여자가 남자를 섭

게 사귀어 미혼모가 되거나 데이트 폭력을 당하는 짓을 수없이 보아왔다.

박인수는 종로 국일관, 낙원장, 장교 구락부를 드나들며 처녀 사냥에 나섰고 불과 1년 사이에 70여 명의 여성을 만났다. 거의 여대생들이었고 국회의원 딸과 고위 공무원의 딸도 대다수였다.
그러고는 자신은 결혼을 약속한 적이 없고 그런 증거도 없다고 주장하였다.
또 어이없는 말은 그들이 숫처녀가 아니라 비처녀라서 그냥 즐겼을 뿐이라고 말해 이때부터 70대 1이라는 유행어가 생기기도 하였다.
결국 처음에는 무죄로 헌병 대위를 사칭한 공무원 사칭죄로 벌금형을 받았지만 2심과 3심에서는 풍기문란죄로 징역 1년을 선고받았다.
박인수(당시 28세)는 빼어나게 잘생긴 것도 아니었는데 헌병 대위라는 직업만 보고 눈이 먼 여자들이 응했으니 한국의 카사노바가 따로 없었다.
윤 대위도 마찬가지로 아직 사회 물정을 모르는 여자들을 꼬여 만나는 것을 보니 박인수와 다를바 없어 보였다.

나는 하숙비가 너무 비싸기도 하고 윤 대위와 이별하기

위해 옮기기로 했다.
마침 종로 청진동 선지 해장국집에서 친구 춘삼이와 소주 한잔하러 가는 길에 판자로 된 대문에 먹글씨로 쓰인 '하숙생 구함'이 눈에 들어왔다.
춘삼이에게 잠시만 기다려달라고 하고 문을 열고 들어갔다.
들어가니 30대쯤 돼 보이는 주인에게 하숙생이 몇 명이나 되는지 물어보았다.
주인은 방이 두 개인데 작아서 독방으로 써야 한다고 하였고 아침과 저녁을 준다고 하였다. 지금의 하숙집보다 저렴하였다.
나는 언제부터 가능한지 궁금하여 물었더니 **빠**를수록 좋다고 하였다.
둘러보니 방이 3개였고 방 하나는 주인이 쓰고 나머지 2개의 방을 하숙하는 것이라 조용해서 책을 읽을 수 있을 것 같았다.
나는 무릎을 '탁' 치며 괜찮다는 생각에 당장 옮기기로 했다.

다음 날 근무를 마치고 하숙집에 자조 지종을 말씀드린 후 리어커 한 대 분량 정도밖에 안 되는 짐이기도 하고 쇠뿔도 단김에 **뺀**다고 3일 뒤 쉬는 일요일에 바로 옮기기로 했다.

새로운 하숙집으로 옮기고 하룻밤을 자고 나서야 내 자신이 경솔했다는 것을 알았다. 이래서 열 길 물속은 알아도 한 길 사람 속은 모른다고 했던가!
주인은 아침이 되어도 아침 식사를 줄 생각을 하지 않았다.
안방을 들여다보니 주인은 아침인데도 코를 골며 세상 모르고 자고 있었다.
나는 하도 기가 막혀 아침을 기다렸다가는 회사에 늦을 것 같아 그냥 가기로 했다.
다른 옆방 하숙생이 궁금해 문을 두드리니 30대의 여성이 부스스한 몰골로 머리를 쓸어올리며 문을 열었다.
"옆방 학생이지요?"
"네"
"아침 먹기는 기대하지 마요. 그냥 학교에 갔다 와요."
라고 말하는데 내가 학교에 가는 거로 알고 있었다.

나는 나와서 청진동에서 사무실이 있는 오장동으로 가는 중간에 있는 구멍가게에 들러 우유 한 병으로 아침을 때웠다.
하루를 얹잖은 기분으로 보낸 후 퇴근하고 들어가니 주인은 짙은 화장을 하고 저녁 밥상만 덩그러니 차려놓고 휑하니 나가는 것이다.
아침밥을 못 줘서 미안하다는 일언반구가 없었다.

그러니 하숙집에는 다른 옆방 여인과 나뿐이었다.
그녀는 저녁을 먼저 먹었는지 나를 보면서
"학생 식사나 빨리해요. 나는 하숙비를 선금 주어서 한 달이 지나면 다른 곳으로 옮기려고 해요. 이 집에 있다가는 영양실조 걸리겠어요. 이따가 영양보충이나 하러 가요. 내가 아는 통닭집이 있는데 내가 사줄 테니 이따가 출출해지면 가요."라며 친누이처럼 살갑게 대해 주었다.
"아뇨 괜찮아요. 여사님은 경상도 말씀이신데 어째서 하숙하고 계세요? 어느 직장에 다니세요?" 물으니 이따가 말해준다고 한다.

"주인아줌마는 다 저녁에 짙은 화장을 하고 나가는데 어디 가시는 거예요?"
흐흐흐 웃으면서
"아무래도 내 생각에는 요정이나 화류계로 나가는 것 같아요"
"여사님은 어떻게 아신 건데요?"
"매일 밤늦게 들어오는데 술에 만취가 되어 들어와요. 어떨 때는 새벽이나 아침에 들어오기도 하고...그러니 아침밥은 기대하지 않는 게 좋아요"
그 말을 들으니 혹 떼러 갔다가 혹 붙인 꼴로 세상만사가 천태만상이라더니 듣던 그대로였다.

나는 한 달을 울며 겨자 먹기로 지내다가 다시 옮기기로 생각하였다.
저녁을 먹고 두 시간쯤 지나 밤 8시 무렵에 옆방에서 "학생"하고 불렀다.
"네"하고 대답하니 영양 보충하러 나가자고 했다.
사양했지만 훨씬 누님이니 부담 갖지 말라며 나를 끌고 나갔다.

영양 통닭집은 가까운 곳에 있었다.
자주 온 단골인지 주인이 얼른 여사를 알아보며 인사를 한다.
"오늘은 혼자가 아니시고 손님이 한 분 더 계시네요?"
"아 네 우리 집안 대학 다니는 동생이에요"라고 나를 소개하더니 나를 쳐다보면서 눈을 찡긋하고 하얀 이를 드러내며 웃었다.
"저도 붙임성은 좋은 편인데 하숙집에 누님이라도 계시니 안심이 되네요."
"그래요? 나도 혼자 있다가 학생이 들어오니 말동무도 되고 좋네요. 외롭지 않겠어요." 그러면서 그동안 궁금했던 누님의 이야기를 하기 시작했다.
마침 노릇노릇하게 구워진 통닭이 나오자 누님은 맥주 한잔하라며 권했다.
한 병이 두 병이 되고 추가로 더 시켜 서로 부딪히며

쭉 들이켰다.

누님이 한숨을 내쉬더니 내 동생 같아서 얘기하는데 자신의 흠을 얘기할 테니 흉보지 말라고 하였다.
하루 사이에 백 년 지기가 된 양 가까워진 기분이었다.
나는 경북 예천에서 열흘 전에 올라와 호텔에서 하루 자고 하숙집으로 들어왔어. 그러더니 눈물을 글썽거리며 금방이라도 눈물이 떨어질 것 같았다.
나는 여고에서 선생님을 했고 같은 학교 선생님과 결혼했지.
그게 지금으로부터 보름 조금 넘은 얘기야.
신혼여행에서도 그리고 다녀와서 신혼집에서도 초야를 치르지 못한 거야.
그래서 신랑에게 내가 여자로 보이지 않느냐고 물었더니 그때야 자신이 성불구자라고 말하더군. 나는 하늘이 무너지는 것 같았어.
남자 구실도 못하면서 왜 결혼을 해서 내 인생을 망치느냐고 따지니까 한다는 소리가 더 웃기더라고.
아기를 못 가져도 정신적으로만 사랑하면서 살면 되지 않느냐고 오히려 나에게 따지더라고.
그 말을 듣고 밤새 얼굴이 타들어 가는 듯한 고민을 하다가 아침이 되자 가방 하나만 들고 서울로 올라왔어.
눈물을 하염없이 흘리면서 동생에게 처음으로 얘기하는

거라고 말하니 속이 좀 풀리는 것 같다고 하였다.

아마도 친정이나 시댁에서 난리가 났을 거야.
연락을 끊고 학교에도 나가지 않았으니 별의별 추측을 하고 있을 거야.
한 사람의 인생을 이렇게 허무하게 무너트려 놓고 나만 나쁘다고들 하겠지.

나는 무어라고 위로할 말이 없었다.
누님 새로운 길을 선택하셔야지요. 지나간 과거는 빨리 잊고 용기를 내서 정리하시고 새 출발을 모색하는 것이 현명하지 않을까요? 라고 말해주었다.
창피하고 부끄러워서 어떻게 부모님과 학교 동료들 얼굴을 다시 보느냐면서 고향으로 돌아갈 용기가 나지 않는다고 하였다.
그녀는 신세 한탄을 하다가 술에 취해 밤 12시가 다 되어서야 자리에서 일어났다.
그 시간까지 하숙집 주인은 들어오지 않았다.
그러니 내일 아침밥도 공치고 출근해야 할 판이다.

아침이 되자 예상했던 대로였다.
주인이 일어나기만을 기다릴 수가 없어 일단 출근을 하고 저녁에 따지기로 생각했다.

퇴근 후 부랴부랴 서둘러 하숙집에 들어서니 마침 주인이 어제처럼 화장을 짙게 하고 나가려던 참이었다.
나는 대뜸 말했다.
"하숙비 좀 반환해 주셔야겠어요. 아침 식사도 안 해주는 것은 약속과 다르잖아요."
이런 일이 한두 번이 아니었다는 듯이 상투적인 말투로 대번에 하는 말이
"지금은 돈이 없으니 하숙생이 다시 들어오면 계산해 줄게요"하면서 핸드백을 들고 휑하니 나가는 것이었다.
어이가 없고 기가 막혔다.
아무리 돈이 좋아도 기생이면 기생 노릇이나 할 일이지 하숙까지 한다고 멀쩡한 사람을 골탕 먹이는 건지…
이런 것이 하숙 사기라는 생각이 들어 화가 났다.
할 일 없는 옆방 누님은 어디를 갔는지 나가고 없었다.
어제 통닭집에서 자기 신상을 얘기했을 때 자기 이름이 엄지인이고 자기를 엄 선생이라고 부른다고 했다.

나는 차려놓은 저녁밥을 먹고 나서 책을 읽고 있는데 엄 선생이 들어왔다.
"누님 어디 다녀오세요? 저녁은 드셨어요?"
"응 청진동에서 해장국 사 먹고 들어오는 거예요. 이 집 식사는 도저히 입에 맞지 않아서…"
"나는 조금 전에 하숙비 반환해 달라고 따졌어요."

"뭐라고 그러던가요?"
"새로 들어오는 하숙생에게 받아서 준 데요. 지금은 돈이 없다며 배 째라는 식으로 막무가내예요."
"나한테도 똑같이 그랬어요." 기가 막힌다는 듯한 표정이었다.

재수 없는 놈은 뒤로 자빠져도 코가 깨진다더니 사기 결혼을 당하니까 또 하숙 사기까지 당하다니 무슨 놈의 팔자가 이런지 '마'가 낀 것 같다고 하였다.
그러면서 내가 5살이 더 많으니 동생이라고 불러도 되냐고 하길래 그러라고 했다. 하지만 그렇지 않아도 엄 선생 때문에 공부에 방해가 되는데 자꾸 유혹의 손길을 내밀었다.
나는 하루빨리 학비를 마련해서 복학해야 하는데 안 되겠다 싶어 회사에서 나의 업무 이외에 수당제 업무를 추가해서 두 가지 일을 하기로 했다.
처음에는 관리사원 기본급 이외에 수당을 합하면 꽤 많은 돈을 벌 수 있었다.

관리사원이 하는 일은 책을 월부로 산 고객이 할부금을 내지 않으면 찾아가서 수금 독촉을 하거나, 반품을 받아 오던지 이사 간 곳을 찾아서 다시 지불하게 하는 일이다.

그 시절 출판사 중에는 계몽사, 삼성출판사, 동아 출판사 등이 대세였다.
수당제 부업은 사고 난 월부 카드를 수금해 오면 수금액의 몇%를 수당으로 받는 것이었다.
그래서 이렇게 두 가지 일을 하다 보니 서울 시내 지리는 택시기사보다 내가 더 빠삭하여 골목골목 모르는 곳이 없었다.

이사 가서 책값이 입금되지 않은 집을 찾으려면 이사 가기 전 그 집 주변에 삼륜차(앞바퀴 하나에 뒷바퀴 두 개인 차, 용달차) 차고지를 찾아서 그 집 짐을 어디로 옮겨 주었는지 물어보거나, 그래도 못 찾으면 자녀가 어느 학교로 전학을 갔는지 알아보면 되었다.
이 일을 잘하면 1~2년 후에 정식사원이 되어 편집실이나 내근직으로 옮길 수가 있었고 4년 대학등록금도 완납할 수 있었다.
이런 일은 형사처럼 두뇌 회전이 빨라야 하고 추리력이 좋아야 잘할 수가 있다.
고객들 일부는 나를 보고 이런 일을 하기에는 아깝다는 동정을 하며 할부금을 일시금으로 완불해 주기도 하여 수당을 좀 더 받기도 하였다.
내가 일을 잘하는 것을 보면 어릴 때 늘 들었던 영리하게 생겼다는 말이 떠올랐다.

나는 일을 하면서 졸업 후에 문예 창작이나 사업하는데 자산이 될 거라 믿었다.
목돈을 모으기가 힘든 시절이기도 하였고, 새 학기 등록금을 마련하려면 두 가지 일을 하는 수밖에 없었다.
출판사 대표는 충청도 분이었고 박 전무는 은행에 다니다 정년퇴직하여 모셔 온 분이었다.
어느 날 사고 난 수금카드 500매를 책상 서랍에 두고 가기도 했고 수금 후에 다시 회사로 들어가 일보를 작성하고 있는데 박 전무가 나를 호출하였다.

박 전무는 나를 보자마자 어디가서 다른 짓을 하고 오느냐며 질책을 하였다.
"전무님 저는 농땡이를 치지 않습니다. 열심히 일하고 왔습니다."
"무슨 소리야 수금카드가 여기 있는데" 하며 책상을 소리 나게 탁 내려치면서 거짓말하지 말라고 대노를 하였다.
"전무님 여기 일보를 보세요." 50명에게서 받은 일보와 현금을 가방에서 꺼내서 보였더니 눈이 휘둥그레지며 멋쩍은 표정이었다.
"어떻게 된 거야?"
"저는 고객카드 없이도 어떤 고객에게 며칠날 입금받는지 훤하게 꿰고 있어요"

"정말이야? 그러면 고객 집이나 직장을 카드를 보지 않고 다 외웠다는 말인가?"
"네, 그렇습니다."
그제야 고개를 저으며 믿기지 않는다는 표정을 지었다.
"자네는 천재인가 보군. 사고 난 수금카드를 인수한 지 얼마 되지 않았는데 복잡한 서울 시내 500명 고객의 집을 다 알 수 있다니…"
박 전무는 예사롭지 않다는 표정으로 나를 한참 쳐다보았다.

6. 꿈은 이루어진다.

'간절히 원하면 꿈은 이루어진다.'
나는 두 가지 일을 열심히 한 덕분에 등록금을 마련하여 야간 대학에 복학하게 되었다.
공부하는 것을 그렇게도 만류하던 양어머니에게도 매달 10만 원을 드리는 게 효도라는 걸 알고 빠뜨리지 않고 보내드렸다. 이 일은 양어머니가 우리 집에서 돌아가시기 전까지 내가 지킨 일이다.
그러니까 고향 양가집이나 신흥농장 과수원 생가도 군대 제대 후에 서울에서 직장생활만 하는 것으로 알고들 계셨다.

나는 농촌 출신이고 부모님을 닮아서 그런지 부지런함이 몸에 배어있었다.
그리고 시간을 허투루 쓰지 않고 낭비하는 일이 없었다.
내가 해야 할 일에만 전심전력을 다하며 성실히 일하기

때문에 취미도 독서만 할 뿐 야구 구경이나 낚시 그리고 오락 같은 것을 할 줄 모른다.
그래서 아는 지인들도 나를 떠올리면 이미지가 늘 책을 가방에 넣고 다니며 읽는 사람으로 각인되어 있다.
만 권의 책을 읽으면 바보도 천재가 되고 비포장도로를 달리던 사람이 5차선 달리는 사람이 된다고 하는 말을 늘 마음에 두고 지냈다.
일주일에 한두 번은 교보문고나 도서관에 들러 책을 사거나 읽는 것이 습관이 되었다.
그래서 이사를 가면 책이 너무 많아 트럭으로 버린 책들이 있어 지금도 후회가 된다.

대학에 다니는 꿈이 이루어지고 낮에는 직장인 출판사를 다니며 지금의 아내를 얻었다.
아내는 출판사에서 같이 근무하며 사내 커플로 만나게 되었다.
나는 아내의 글씨를 보고 깜짝 놀랐는데 손 글씨체가 아니라 인쇄를 해놓은 듯한 글씨체를 보고 반해 빠져든 것 같다. 지금도 글씨가 명필인데 엄마를 닮아서인지 딸도 글씨를 참 잘 쓴다.
손재주가 좋은 아내는 음식도 잘해 지금까지 나의 건강의 원천은 아내의 음식 덕분이기도 하다.
아내는 대구 출신으로 대학교를 졸업하였고, 직물공장

을 운영하는 아버지 덕분에 유복하게 자란 도시 여성이었다.
더욱이 6남 1년 중 고명딸이라 더욱 귀하게 자랐다.
아내와 사귀면서 직원들 모르게 비밀연애를 하여 일보에 쪽지를 넣어 퇴근 후 만났다. 내가 야간 대학교에 가면 같이 학교 앞 빵집에서 기다리기도 하고, 새로 옮긴 신촌 하숙집에도 같이 지내다가 함께 출근하기도 했다.
신촌 하숙집은 권투선수 강세철 (1960년 동양 주니어 미들급 챔피온)의 아내가 운영하던 집이었다.
강세철은 권투선수로서 이름을 날렸으며 외모도 출중하여 연예인 못지않은 인기를 누렸다. 유명 배우와의 염문이 났을 정도이니 아내 속 좀 썩인 인물이다.

이렇게 지내다 보니 혼전 동거처럼 돼버려 아예 충무로 아테네 극장 뒤에 방을 하나 얻어 하숙 생활을 면하게 되었다.
고향 부모님은 모르셨고, 아내의 부모님과 오빠 그리고 남동생들은 걱정이 되어 회사로 둘째 오빠(창수)가 아내를 찾아오셨다.
형님과 소주를 하며 나에게 이런저런 질문을 하시고는 안심이 된다는 듯한 말을 하셨다.

얼마 후 우연히 신문광고에 난 영화배우 모집 광고를 보게 되었다.
나는 이때 무슨 자신감이었는지 어려서부터 잘생겼다는 말을 들어서 무작정 응시하게 되었다. 집에서 얼마 안 되는 영화사에 프로필에 사진을 붙이고 원서와 함께 제출하였다.
그 당시 충무로는 영화사 및 영화배우들의 거리였다. 명보극장, 스카라 극장, 아테네 극장 등이 몰려있었다. 오디션 날이 다가와 나는 김 이병 아버지가 주신 돈으로 샀던 나비넥타이에 콤비를 빼입고 면접장으로 향했다. 면접장에는 수많은 응시생이 자기 차례를 기다리고 있었고, 내 차례가 되어 들어갔다.
내가 그날 입은 복장은 체크무늬 상의에 보타이를 매고 가니 그날 심사위원으로 나란히 앉아 있던 스타 배우인 김진규, 최무룡, 신영균이 놀란 듯 눈을 크게 뜨셨다.

오디션을 짧게 보고 나서
어디서 연기를 해본 경험이 있는지 물었다.
"네, 군대에 가기 전 명절 때마다 3년간 소인극에서 주연을 맡아 연기해본 적이 있습니다." 말하니 대사를 한 번 해보라기에 나는 포즈를 잡으며 "윤희씨 나는 윤희씨를 만난 것이 천하를 다 얻은 듯해요. 윤희씨 사랑해요."라고 천연덕스럽게 연기를 했다.

고문으로 오신 원로배우였던 최남현, 황정순께서 "대형 스타 감이네, 멜로물에 딱이야."하며 칭찬해 주셨다.
그때 신장이 1m 78cm에 체중이 78kg이라서 체구가 늘씬했고,
보는 사람마다 땟물 벗긴 귀공자 같다고 할 때였다.

얼마 뒤 합격 통지서를 받고 영화사에 갔더니 6개월 연수 후 배역을 준다는 것이었다.
대본이 나오면 빠삭하게 암기해야 하고 그러자면 직장도 그만두어야 할 상황이었다.
일단 6개월의 생활비도 있어야 하니 고민을 하니까 아내는 걱정하지 말고, 먹고 사는 것은 본인이 책임지겠다며 연수를 다녀오라는 것이었다.
대 스타가 되어보라고 격려도 해주니 용기를 다시 얻었다.

하지만 며칠이 지나 한여름이었는데 아침에 일어나 보니 눈과 입이 돌아가 있었다. 증상은 안면 신경마비인 구안와사(口眼喎斜)였고 베개를 베고 자다가 찬 방바닥으로 떨어져 잠이 들어서였다.
한의원으로 찾아가니 침으로 다스려도 제자리로 돌아오려면 10년은 걸려야 온전히 돌아온다는 것이다.
나는 하늘이 무너질 것 같은 절망감에 빠졌다.

영화배우는 얼굴로 표현해야 하는 것이 가장 중요한데 돌아간 눈과 입으로는 희로애락의 감정을 표현하기에는 불가능한 일이었다. 완치하는데 1년도 아니고 10년이나 걸린다니 꿈은 물 건너가 산산조각이 나고 말았다. 그 후 20년이 지나서야 90%가 돌아왔다.

나의 꿈이 원래는 문예 창작가였으니 배우는 포기하라는 신의 계시 같았다.
얼굴은 1년이 넘어도 확연히 좋아지지 않았고 그 일은 나보다 16세가 위이신 조내골 오촌(전영창) 아저씨를 서울로 올려보내 나의 근황을 알아보라고 시키셔서 부모님도 알게 되었다. 결혼 전 아내와 고향 부모님께 인사드리러 가야 해서 그때 아저씨께 말씀드렸다.

아내의 친정집에서도 서둘러 양쪽 부모님 상견례를 서두르셨고 우리 아버지도 3형제이고 장인어른도 3형제이셔서 여섯 분이 만나서 상의하셔서 날짜를 잡았다. 그때 내 나이가 26세이고 아내는 24세였다.
아내는 결혼 후 조금 이르게 딸을 출산했는데 그때 우리 집은 상도동 장승백이 고 대령네 월세방이었다.
나는 그 집에서 여고 3학년인 고예용과 고1인 고창민 자매에게 가정교사를 하면서 출판사에서 근무하다가 퇴직하고 창업을 시작하였다.

나는 자식이 태어나니 무에서 유를 이루려고 그동안 배운 대로 월부 판매 사업을 시작하였다.
그때 출판업이 사양길에 접어들어 다른 품목을 찾기로 했다.
상호를 강남 기업사로 하고 스테인리스 주방용품과 스텐다라이 12피스를 주요 품목으로 하였다.
이전까지는 주로 고무로 만든 용품이었지만 스테인리스는 위생적이고 내구성도 좋아 인기가 있을 것 같았다.
우선 생산 공장을 수소문했더니 온양 고향 선배 한현수 대표가 하는 한일 스테인레스 공장을 방문했다.
한일 스테인레스는 서울 시내에만 20여 곳에 대리점이 있었고 내가 영등포쪽을 맡아 운영하기로 하였다.
영등포, 노량진, 상도동, 대림동, 구로동이 내가 관할하는 지역으로 꽤 넓은 지역의 대리점이었다.

나중에 안 사실인데 영창 아저씨 딸인 숙자 고모 시댁이 아산시 음봉면이라 고모부가 한 사장과 한동네 고향 친구였다.
그래서 고모부가 한일 공장에서 근무하고 계셔서 한 사장과 나의 이야기를 자주 하셨다고 한다.
한 사장이 고모부에게 나를 칭찬하시면서 똑똑하고 잘생긴 대학생 후배라고 하셨다고 한다.
그때 내가 판매 매출도 많이 올리고, 20개 대리점 중에서 제일 나이 어린 사장이기도 하고 또 고향 후배라고 예뻐해 주셨다.

결재 방식은 30%는 선입금이고 나머지 70%는 후불로 내는 방식이라 외상이 가능했다. 그래서 선입금 받은 것만으로도 공장에 결재할 수 있었다.
판매사원의 수당은 수금해 오면 수당으로 30%를 지급하였다.
스테인리스가 각 가정마다 필수품이 되어 한마디로 불티나게 팔렸다.
20여 개 각 대리점에서 매출이 상당하다 보니 한 사장은 무교동에 다정(하얀집)이라는 요정을 연예인이던 여자친구에게 차려주었다.
얼굴이 상당히 예뻤던 여자친구는 이후로도 계속해서 한 사장으로부터 지원을 받아 팔자가 폈다.
요정은 기생이 30명이나 되는 큰 요정이다 보니 대박이 날 수밖에 없었고 특히 어린 20대의 탤런트 뺨치는 미모의 기생들이어서 인기가 많았다.
지금은 룸살롱이 대세지만 그때는 요정이 대세였다.

한 사장이 20여 개 대리점 사장들을 접대한다고 요정으로 불렀다.
매출을 많이 올려서 한턱 쏠 겸 회식제안이었다.

대리점 점장 중에는 내가 가장 나이가 어린 20대였고 나머지는 60대 후반이 대부분이었다. 그래서 나를 대학생 사장으로 불렀다.
요정에 가니 교자상을 쭉 늘어놓고 남녀 한 쌍씩 앉으니 40명이나 되었다.
상은 다리가 부러질 정도로 진수성찬에다 진귀한 음식들로 가득했다.

한참 왁자지껄하는 사이 불광동 대리점 옆에 앉은 기생이 눈에 들어왔다.
왠지 낯이 익어 기억을 더듬고 소스라치게 놀랐다.
아니 저 여자가... 다름 아닌 사기 하숙을 하던 그녀였다.
하숙은 계약서를 쓰지 않아 그녀의 이름을 몰랐는데 요정에서는 마담 다음으로 나이가 많아 큰언니로 통했다.
나는 분위기를 깰까 봐 끝까지 모른척하였다.
단합대회 겸 회식으로 처음 요정이라는 곳을 가본 나는 밤늦게서야 집으로 돌아왔다.
한 사장은 이번처럼 대리점 사장 전원을 합석하기도 하지만 가끔은 마음에 드는 사장 대여섯 명만 부르기도 하는데 그때마다 항상 나를 불렀다.
그래서 점점 독서시간은 줄어들고 건강도 잃어가고 있었다.

나는 이때 역사소설, 수호지 10권, 손자병법 10권, 태평양 전쟁, 논어를 탐독하는 중이었다.

고향에 마을회관을 건립한다고 모금을 하기 위해 마을 대표 어르신 두 분이 우리 사무실로 오셨다.
사무실은 상도동 신건물인 거북 목욕탕 2층 전체를 쓰고 있었는데 내 책상 뒤편에 있던 장서를 둘러보시더니 전 사장이 저 책을 다 보고 있는 건가 하고 물으셨다.
혹시 전시효과로 갖다 놓은 게 아닌가! 라는 의심을 하며 묻는 듯했다.
그때 중간쯤 읽고 있던 논어를 펴 보이며 빨간 볼펜으로 밑줄 그은 것을 보고 아이고 하며 놀라신 기억이 난다.
어르신은 나에게 지식이 상당 하겠구만, 그러니 20대에 이렇게 사업을 크게하는 이유가 다 있구만 하며 칭찬해 주셨다.

나는 어르신들께 점심을 후하게 대접하고 금일봉 봉투를 건네며 마을회관 건립에 조금이라도 보태 쓰시라고 인사를 하였다.
다음은 증류수를 만드는 대방동으로 윤 사장을 만나러 간다고 나가셨다.
그때 고향에서 서울로 올라와 사업하는 사람은 종로 유

리가게를 하는 친구와 폐기물 대행업체를 운영하는 분 등 대략 네다섯 명 정도였다.
나는 사업을 시작한 지 불과 1년 만에 판매원 80명에 수금사원 20명 관리사원과 경리까지 백여 명이 넘었다. 주위에서는 사업확장을 만류하기도 했고 나이도 혈기왕성한 젊을 때라 남의 말을 귀담아듣지 않았다.
집에 도우미와 승용차 기사까지 둘 정도로 상황이 좋아지니 사업을 더 확장 시켰고 경리를 빼고는 직원 모두가 대표인 나보다 다 나이가 많았다.

관리사원을 하던 한종훈 부장은 이북에서 피난 온 부모님 영향 때문인지 9시 출근인데 늘 새벽 5시면 사무실에 나와 청소를 하였다.
무엇하러 일찍 나오냐고 하면 3~4시면 잠이 깨서 우유 한 잔 마시고 나온다고 한다. 퇴사 후 들려온 소식에 의하면 50대가 지나 큰 병이 들어 사망하였다는 것이다.
이른 나이에 건강을 잃었다는 것은 평소에 자기 관리를 안 했거나 유전적인 원인이었을 텐데 부지했던 사람이라 안타까운 마음이 들었다.

한일 스텐 한 사장은 저녁마다 다정 요정으로 나를 불러냈다.

아무리 좋은 것도 한두 번이지 연일 되풀이되다 보면 싫증 나고 질리는 법이다.
그래서 이런저런 핑계를 대고 자리를 피해야만 했다.
그래야 내 건강도 유지할 수 있고, 독서로 나만의 시간을 가질 수가 있다.
결혼 후 어느새 3년이란 시간이 흘러 내 나이 29세에 선미, 병일이 두 아이의 아빠가 되었다. 고향에서는 도우미를 보내시면서 부모님의 농사일을 돕던 명자를 올려보내셔서 귀한 첫아들인 병일이를 돌보게 했다.

사업이 커지고 고향에서 내가 성공했다는 소식이 전해지자 김영국, 김재남, 강대희, 제주도 무전여행을 함께 갔던 구희창 등 친구들이 줄줄이 올라와 일자리를 달라고 하였다. 그래서 수금하는 일이나 창고 관리를 맡겼고 전태상, 전용상, 전금실 등 집안사람들은 내근직을 하였다.

사업이란 항상 위기가 찾아오기 마련이다.
크게는 국제적 변동과 정치적 변수도 있지만, 사업자의 오판과 내실에 신경쓰지 않으면 문제가 생기기도 한다.
사람이 한 치 앞을 모르는 것처럼 사업도 암울한 그늘이 언제 닥칠지 알 수가 없다.
그래서 세상사 새옹지마(塞翁之馬)라고 하는가 보다.

새옹지마란? 사는 게 변수가 많아 언제 행복해질지 아니면 언제 불행이 생길지에 대해서 예측하기 어렵고 알 수 없다는 뜻이다.

새옹이라는 노인이 기르던 말이 어느 날 도망을 가자 사람들이 말이 도망가서 어쩝니까? 하고 안타깝게 물었더니 이 노인은 오히려 낙심하지 않고 이 일이 복이 될지 어찌 알겠냐며 무덤덤했다.

그러다 얼마 뒤 도망갔던 말이 많은 야생마를 떼로 이끌고 노인에게 왔다.

이제 부자가 되셨다고 환호해주기도 하였지만, 또 노인은 이일이 재앙이 될지도 모른다며 기뻐하지 않았다.

어느 날 노인의 아들이 가장 좋은 말을 골라 타고 나갔다가 말에서 떨어져 다리를 크게 다치게 되었다. 그래서 사람들이 위로했지만. 노인은 이게 또 복이 될 수 있다고 하였다.

얼마 뒤 적군이 쳐들어오자 청년들을 군에 징집하였는데 노인의 아들은 다리를 다쳐 갈 수가 없었다. 전쟁에 참여한 다른 청년들은 죽거나 살았어도 멀쩡한 사람이 없었다.

이 일로 마을 사람들은 노인이 왜 그렇게 덤덤했었는지 알게 되었다.

독서를 많이 하면 위급한 상황이나 큰일이 닥쳐도 당황

하거나 흔들리지 않는 평정심이 생긴다. 위기는 기회가 되어 돌아오기 마련이고 오뚝이처럼 다시 일어날 힘이 생긴다.

나는 사업하는데 새로운 아이템이 필요했다.
그래서 강남기업은 새로운 품목을 추가하게 되는데
군산 만월 스폰지에서 스폰지를 화물열차 한 칸 가득히 채워 실어 올리고, 가평에 사는 미싱사 제갈 양에게 3단 요에 씌울 커버를 다량 생산하게 하였다.
이렇게 군산 공장에서 침대규격에 맞추어 재단해온 스펀지에 커버를 씌우면 푹신한 침대 요가 되었고, 3단으로 접으면 방 한켠에 세워둘 수 있었다.
내가 아이디어를 내어 처음으로 생산했을 때가 31세였다.
나는 어떤 사물을 보면 제품이나 사업에 접목하려고 상상하는 습관이 있었다.
그러다 보면 새로운 아이디어가 고구마 줄기처럼 연달아 나올 때가 많았다.
이때가 지금은 미국에 사는 광상이 동생과 일상이 막내 동생이 대학에 다니기 위해 우리 집에서 기거할 때였다.

제품을 펼치면 요가 되고 접으면 3단으로 줄어드니 상

표를 '3단 요'라고 지었고, 상호도 '3.1 기업'으로 새로 만들었다. 3개가 하나로 된다는 의미로 지은 상호였다.
영등포와 상도동에 본사를 두고
인천과 부평 직영점은 공한태
춘천 직영점은 김영국(고향 후배)
대구 직영점은 아내의 사촌 동생과 윤승일
부산 직영점은 성효진이 맡아 운영하게 했으며 각 지역 네 군데에 소장 한명과 영업사원 12명 수금사원 3명 이렇게 한곳에 16명이 근무하였다.
네 군데니까 직원만 64명이 되었다.

이때도 여전히 내가 제일 어렸고 모두 나보다 한참 위인 분들이었다.
지인이나 친척들이기에 안심하고 맡겼지만 하나같이 내 일처럼 일하지 않았고 평생 인재가 될 수 없는 사람들이란 걸 나중에서야 알게 되었다.
좋은 제품으로 돈 벌어주겠다는데 관리를 제대로 하지 않으며 매일 술이나 마시고 노름만 일삼았다. 도둑질, 노름, 싸움 잘 하는 자식은 반드시 그 부모를 닮았다.
결국 내 잘못이라는 판단으로 무모하게 확장한 사업은 접을 수밖에 없었다.
서울에서 나 혼자 지방마다 관리할 수가 없었기 때문이다.

그동안 사업하여 모은 돈은 실패로 다 없어지고 한 푼도 남질 않았다.
어린 나이에 시작한 사업이 실패하여 첫 번째 위기가 찾아왔다.
자본금 없이 무에서 유를 창조하였지만, 또다시 사업을 재기하기엔 힘이 들었다. 고향에 계신 부모님께 손을 벌리려고도 해봤지만 그럴 수는 없었다. 신흥농장을 경영하시던 생아버지도 지방 의원에 두 번이나 출마하여 당선이 되셨지만 빚이 있으셨다. 그 시절에는 고무신 선거가 허용되던 때였고 후보가 되면 유권자에게 고무신을 비롯해 향응을 베풀고 해서 선거비용이 이만저만 드는 게 아니었다.

양아버지는 교육구청에서 월급을 타서 생계를 유지하셨고, 양어머니는 온양에서 계주를 여러 개 하셨는데 먼저 목돈을 타간 계원들이 곗돈을 내지 않거나 야반도주하여 곤욕을 치르셨다. 만약 다음번 계원에게 곗돈을 주지 못하면 계주가 책임져야 해서 있던 재산을 모두 처분하여 빚을 갚아야만 했다.
그래서 권력은 10년을 못가고 부자는 3대를 못 간다는 말이 맞는 것 같다.

고난을 겪을 때는 예술대학 시절 가장 가깝게 지내던

오 선생 친구가 부러웠다. 그 친구는 예술대학 졸업 후 고향인 대구에서 여고 국어 선생으로 지내고 있었다.
그러던 친구가 건강식품 붐이 일자 오가피를 판매하는 회사에 입사해 강사로 영업을 하였다. 친구는 서울에 올라올 때면 우리 집에 자주 찾아와 기거하기도 하였다.

그 친구는 늘 나에게 학자가 되었어야 했다고 말하곤 하였다. 사업한다고 사람같지 않은 못된 인간들을 만나 피해를 보고 있다며 안타까워하며 술잔을 기울이곤 하였다.
그 친구의 건강 강의 주제는 '100세 이전에 죽는 것은 자살과 같다.'였다.
친구의 강의를 들으러 강연장에 간 적이 있는데 2시간가량 강의가 끝나면 관중들이 우르르 몰리면서 싸인을 받으려고 앞다투어 몰려들었다. 한마디로 스타 강사였다. 그래서 나는 사업으로 고달플 때면 2시간 강의하고 존경받고 인기 있는 친구 오 선생의 삶이 부러웠다.

7. 오뚝이처럼 일어서다.

 친구들 사이에서 내 별명은 코와 키가 크고 피부가 백인같이 하얀 양놈처럼 생겼다고 하여 '양코'라 불렀지만, 아내는 쓰러져도 또 일어선다고 '오뚝이'라고 하였다.
사업에 몰두하다 보니 나의 목표였던 연기자나 작가로서의 꿈은 점점 다음으로 미루게 되었다.
당장 먹고 살아야 하는데 한가롭게 소설을 쓰며 살 수는 없었다.

3단 요 사업을 하던 중에 지금 시나리오 작가이자 영화감독이 된 **셋째** 선영이가 태어나고 선영이를 돌보던 미싱사 제갈 양과 남동생 둘이 대학에 다니느라 우리 집에 있어서 여덟 명의 생계를 책임져야 했다.
3단 요 다음으로 팔릴만한 또 다른 아이템 때문에 우리 가족은 대전으로 이사를 결심했다. 어쩔 수 없이 남동생들은 대림동 둘째 정자 누님댁으로 보내야 했고 다섯 식구를 데리고 대전으로 거처를 옮겼다.

대전에 가는 이유는 영진 전기밥솥과 프라이팬 등 신상품이 출시되어 판매확장을 한다는 소식을 들었다.
영진 산업은 카톨릭 신자들로 집안 내에 가족들이 모두 참여하여 사업을 하였다. 부산 영도에서 생산하면 서울 본사에 있는 사위가 전국 총판을 담당하여 할부 판매를 하였다.
나는 영진 산업에 무작정 찾아가서 단도직입적으로 대전 총판을 밀어달라고 요구했다. 할부용 시판용 두 가지 중 나는 시판용을 판매할 생각이었다.
제품대금도 판매되는 대로 주기로 하겠다고 했다.

나름 업계에서 사업도 크게 해서 인지도도 있었지만 무작정 물건을 달라고 하니 그들에게는 황당한 요구였다. 그러니 신용이 문제가 아니라 담보나 보증인이라도 있어야 한다고 하였다.
내가 가진 거라곤 배짱밖에 없으니 몇 번이나 찾아가 끈질기게 설득하였다.
그들의 마음이 움직였는지 사장의 결재를 받아 제품출고를 허가받는 데 성공하였다.

나는 무일푼으로 이길 만이 살길이라는 마음으로 본격

적으로 가전용품 영업에 뛰어들었다.

세일즈는 자신의 인격을 파는 것이라는 것을 이미 책에서 읽어 알고 있었고 무엇보다도 자신있었다.

보험 설계사들이 수십 수백만 원하는 보험계약서 종이 한 장에 도장을 받아내는 걸 보면 세일즈는 단순히 물건을 파는 것이 아니라 진심과 나의 인격을 상대방에게 전달하는 것이 중요하다.

나도 한때는 007가방 하나만 들고 전국을 누비며 전기장판과 전기 요를 팔았다. 계약서 한 장만 써주고 3억 원이나 선금을 받고 가을에 만들어 초겨울에 공급하기도 하였다. 이가 없으면 잇몸으로 산다는 마음으로 무에서 유를 창조하는 것이 사업이다.

나는 경험이 있었기에 아무런 문제가 될 것이 없었다.

아이들 셋은 한 살, 세 살, 다섯 살이 되었고 나는 30대 초반에 대전에서 영업을 시작하였다. 나의 밑천은 젊음과 패기였다.

투 버튼 정장에 007가방에는 카달로그와 주문서만 넣고 백화점과 전자제품 가게마다 아침부터 저녁 늦게까지 미친 듯이 열심히 돌아다녔다.

수익은 매출에 30~40%가 마진이어서 컸지만, A/S가 많고 반품이 많아 앞으로 남고 뒤로 밑지는 상황이 되어 골치였다.

우리나라에 처음 나온 전기밥솥의 경우 스팀으로 밥을 익혀서 뜸을 들이는데 스팀이 약하니 밥이 설익어서 반품이 쏟아졌다.
본사에 항의하였으나 첫 상품이라 미숙하여 그럴 수 있다며 A/S 해줄 테니 보내라고만 하였다. 단순히 A/S를 해준다고 끝나는 게 아니라 소비자에게 한 번 잃은 신용을 만회하기란 여간 어려운 게 아니었다.
판매점 이미지도 타격을 입어 결국 용두사미가 된 꼴이고 대전에서의 생활도 의미 없이 끝나고 말았다.

젊어서 고생은 사서도 한다고 이 무렵 막내인 넷째 병헌이가 당산동 시범아파트에서 태어나 2남 2녀의 아버지가 되었고, 내가 책임질 가족이 늘어나니 잠시도 손 놓고 지낼 겨를이 없었다.
아이가 넷이나 되다 보니 완도에서 온 옥 순희와 진주에서 온 일 잘하는 곱슬머리 옥이가 도우미로 번갈아 가며 있었다.
허탈하고 허망한 생각은 나에게 사치나 다름없는 상황이었다.
서울 영등포 당산동 시범아파트에 정착하던 때에 큰딸이 초등학교에 입학하였다.
아이가 학교에 들어가고 막내가 태어나면서 부모로서의 책임감이 더 생기기 시작했다. 네 아이 먹고 입히고 대학까지 가르쳐야 한다는 의무와 책임감 있는 부모가 되어야겠다는 생각을 했다.
나는 주변에서 인정하듯 아이들과 아내에게 가정적인 가장이었다.

시범아파트를 사고 정착할 무렵 생아버지가 많이 편찮으시다는 소식을 받았다.
생아버지는 선거 후유증으로 스트레스가 많으셨고 과수원 해충을 없애는 살충제로 인해 간암 판정을 받으셨다. 아버지 연세가 58세이셨는데 그때만 해도 '암' 판정을 받으면 사형선고나 다름없었다.
얼마 안 가 복수가 차고 얼굴색이 황달로 노랗게 변했다.
정신은 말짱해도 통증에 시달려 통증 완화 주사로 연명하시다가 돌아가셨다.
하늘이 무너지는 것 같았다.
존경하던 아버지가 59세 젊은 나이에 돌아가셔서 망연자실하였고, 울타리 같던 아버지의 죽음은 내 인생 처음으로 찾아온 위기였다.

아이들이 많아지니 큰 평수의 집이 필요하여 나는 나의 힘으로 당산동 시범아파트 42평짜리를 200만 원을 주고 사게 되었다.(지금 돈 20억 원의 가치다.)

방 4개와 욕실이 있었고, 창고로 쓸 수 있는 지하실과 뒤편에 베란다가 있는 구조였다. 아이들이 뛰어놀 수 있게 1층으로 하여 집 앞에 조그마한 잔디밭도 있어 마음에 들었다.
단독주택이 1~2백만 원 할 때이니 꽤 좋은 아파트였다. 아이들의 학군도 신경 써야 했고, 단독주택은 아무래도 손이 많이 가면 아내가 힘들어질까 봐 아파트로 선택했다.

아버지가 돌아가시고 위기였지만 월세로 살던 아파트를 우연한 기회로 살 수 있어서 나에게는 전화위복이 되었다.
사람은 죽으라는 법은 없었다.
강 건너 마포 종점에 있는 서강산업 장미스텐 김문경 대표께서 한번 보자고 연락이 왔다. 어디서 들으셨는지 내가 한일 스텐에서 매출 1위를 했다는 걸 들으신 모양이었다.
대표님은 60대로 보이는 어른이셨는데 명함을 건네시며 한일 스텐에서 최고 VIP였다고 들었다고 하셨다.
대표는 단도직입적으로 전무 직함을 주고 공장 전체 매출에서 인센티브를 줄테니 같이 일해보자는 제안이었다. 한마디로 나를 인재로 여겨 영입하려는 것이었다.
해줄 일은 자금 투자자와 제품 판매 매출을 책임져달라

고 하였는데 내가 돈이 있는 줄 알고 그런 동업제안을 하는가 하는 의구심이 들었다.
좋은 조건이었으나 스폰서가 선 듯 생각나지 않았고, 또 누가 돈이 있다 한들 인지도가 없는 서강 산업에 투자할까 싶어 곰곰이 생각해봐도 좀처럼 떠오르질 않아 아쉬움을 뒤로한 채 돌아서야 했다.

그러나 하늘이 무너져도 솟아날 구멍이 있다고 부산역 앞 영일전기에서 연락이 왔다.
영일 전기는 송영일 사장이 운영하는 가전제품 가게였다.
그곳은 앞서 말한 전기장판을 납품받은 대림 전기에 전기장판, 전기담요를 만들어 주기로 하고 선금을 받은 곳 중 한집이었다.
그때 송영길 사장 어머니가 나를 잘 보셨다는 것을 나중에 알게 되었다.
어머니는 일찍이 이혼하여 외아들인 송 사장만 데리고 악착같이 살아 결혼도 시키고 손자까지 본 여장부셨다.
하지만 결혼까지 했어도 철이 안 난 아들에게 신물이나 있던 상태였다.
어머니가 돈이 있으니 아들인 송 사장은 무슨 일을 해도 의지가 없어 늘 답답하다고 하시면서 놀기좋아하고 망나니 같아 골치 아프다고 말씀하셨다.

그래서 아들을 꾸짖으실 때 서울에 전 사장 좀 본받으라고 하셨다고 한다.

나와 송영일은 동년배로 어머니가 보았을 때 같은 나이인데도 인품과 생각하는 것이 하늘과 땅 차이로 느끼셨다.
내가 영일 전기에 갔을 때 송 사장을 기다리면서 가방에서 책을 꺼내 읽으면서 볼펜으로 빨간 줄을 치는 걸 우연히 보신 후 나를 달리 보셨다고 하셨다.
송영길 어머니가 이뤄놓으신 것은 집이 아홉 채나 되었다.
부산역 건너편 초량에서 안 해본 장사가 없이 다 해보셨으며 아들 하나를 키우기 위해 산전수전을 겪으신 분이다.

한국에서 훈련하기 위해 부산 앞바다에 떠다니는 군사 기지 미 항공모함이 닻을 내리면 5천 명의 군인이 부산 시내로 쏟아져 나왔다. 그러면 송영일 어머니가 운영하던 모텔, 카바레, 스텐드바, 편의점은 대박이 나는 날이었다. 이렇게 주변 상권을 다 주름잡던 왕언니였다.
그런 어머니에게 한가지 걱정거리는 외아들인 송영길이 속썩이는 것이었다.
어려서부터 보고 자란 것이 엄마가 하던 물장사라서 그

런 것 같다고 자책하셨다.
그러다 나를 보자 아들과 비교가 된다고 부러워하시며 눈여겨 보고 계셨다.

송영일 어머니가 보자고 하여 부산으로 내려가 만났다.
어머니는 나를 보자마자 말씀하시길
"내가 전 사장을 보고 한 건 아들 같고 또 우리 아들과 동갑이니 친구로 삼고 데려다가 가르쳤으면 좋겠는데…영일이를 저렇게 두었다간 사람 노릇하기는 틀렸어. 그러니 전 사장한테 배우면 철 좀 들까 싶어서…"
이렇게 말문을 떼시더니
"내가 집이 아홉 채가 있는데 집 한 채 값을 줄 테니 서울에 가서 제발 사람 좀 만들어 주게"하며 하소연을 하셨다.
"어머니 말씀은 잘 들었습니다만 제가 무슨 그런 재주가 있겠습니까? 어머니 말도 안 듣는데 제 말이라고 들을까요? 자신 없습니다."
"아니야 전 사장이 굳이 이러쿵저러쿵 말하지 않아도 곁에만 두고 있으면 배울 점이 많으니 틀림없이 영일이가 변할 수 있을 거야."
어머니는 굳은 결심을 하신 듯 재차 부탁하셨다.

"옛말에 까마귀와 같이 있으면 흑 까마귀가 되고, 백로

와 있으면 흰 학이 된다는 말처럼 전 사장이 책을 보고 있는데 영일이도 책이라도 뒤적거리지 않겠나. 저 녀석은 하는 짓이라고는 술 먹고, **빠찡코** 하는 일밖에 없고 차려 준 가게도 신경 쓰지 않으니 내 속이 타들어 가네…술도 독한 양주만 마시고 결국 술 때문에 제 명도 못 살지 싶어."

"그럼 제가 제안 하나 드릴게요. 사람은 나이가 많은 노인이라도 소일거리가 있어야 몸과 정신이 온전하고 노화도 늦추어 장수하는 법인데 하물며 젊은 사람이 주어진 일이 없어서 그런 것 같으니 장미스텐에 투자하여 운영해보게 하시는 게 좋을 것 같습니다. 냉장고용 스테인리스 김치통과 스텐 그릇을 생산하는 곳인데 요즘 인기 제품이거든요. 수입이 생기면 스스로도 **뿌듯할** 것 같습니다. 저도 송 사장과 같이 일하면서 지내며 지켜보겠습니다."

어머니의 안색이 환해지더니 이내 내 손을 덥석 잡으시며 고맙다고 구세주라도 만난 것처럼 반겨주셨다.

이제 송영일을 데리고 서울로 가야 했다. 그런데 어디를 갔는지 가게도 내팽개치고 술을 마시는지 연락이 없었다. 사람을 시켜 송영일이 잘 가는 칵테일 바에 가서 찾아오게 하였더니 아니나 다를까 만취가 되어 인사불성이었다.

영길이 어머니는 그 모습을 보시더니 기가 찬 듯 혀를 차시며 우리 호텔로 가서 하룻밤 자고 내일 데리고 올라가라고 하셨다.
영일이가 하던 가게는 세를 놓아 다른 사장이 하기로 하여서 정리할 것도 없으니 옷 보따리만 하나 들고 가면 된다고 하셨다.
돈은 공장이랑 계약하면 얼마든지 보내준다고 하셨고, 영일이가 쓸 숙박비는 영일이 통장에 넣어주겠노라고 잘 부탁한다고 하시며 가셨다.

다음 날 아침 장미스텐 사장에게 희소식을 알렸다.
투자자와 함께 올라가서 계약할 테니 계약서를 작성해 놓으라고 말했다.
계약서에 명시할 내용도 투자금액과 배분율 그리고 전체 판매금액에 몇%를 나에게 줄 것인지까지 상세히 써 줄 것과 마지막으로 공증까지 해줄 것을 부탁하고 공증이 끝나면 입금하기로 했다.
김문경 사장은 그동안 자금에 허덕여 사업을 제대로 못했는데 이젠 팡팡 돌아가겠다고 웃으면서 알겠으니 법무사를 통해서 해놓겠다고 답했다.

잠에서 깬 영일에게 서울로 같이 가자고 말했더니 하늘을 나는 듯하며 알겠다고 따라나섰다.

매일 어머니 잔소리 듣는 게 지긋지긋하다가 집에서 벗어난다는 생각에 고삐 풀린 망아지처럼 미소를 지었다. 새마을 열차를 타고 오면서 자초지종을 얘기하고 사업 구상을 하자는데 그런 건 전 사장이 알아서 하라고 말한다.
염불에는 마음이 없고 잿밥에만 마음이 간다는 격으로 40이 다 되도록 제 손으로 돈 번 일이 없고 무엇 하나 제대로 해본 게 없는 사람이었다.
어머니가 재산이 많으니 돈 벌 일이 없었고 근심, 고민, 걱정이란 걸 해본 적도 없었다. 이래서 돈 많은 집은 자식을 망치는 일이 허다해 부모가 빨리 죽기만을 기다리고 효도라는 것은 찾아볼 수가 없다.

우리가 탄 새마을 열차는 저녁이 다 되어서야 영등포역에 도착하여 우리 집 당산동까지 버스로 서너 정거장이라 버스를 타고 이동하며 영길이에게 말했다.
"송사장 어머니가 나하고 같이 지내길 원하시니 우리 집 남는 방에서 함께 지내면서 우선 내일 공장에 함께 가보세"
"네 그럽시다"
버스를 타니 한강 건너 공장까지 다니려면 자가용부터 뽑아야겠다면서 내일 당장 차부터 보러 가자고 한다.
어머니께 우선 여쭤보고 결정하고 술을 마시니 어머니

가 걱정하실 텐데라고 말했더니 자기가 알아서 하겠다고 고집을 부렸다.

집에 도착하여 준비된 저녁 식사를 하려는데 "술 없어예?" 하더니 슈퍼에서 맥주 두 병을 사오게 하여 마셨다.
식사는 제대로 하지 않고 맥주 두 병을 혼자서 다 마시길래 식사 좀 하라고 하였더니 자기는 밥보다 술이 더 좋다고 말한다.
한마디로 알코올 중독인 듯하였다.
어머니 부탁도 있고 투자를 받기 위해 데리고 왔지만 답답한 마음과 걱정이 앞섰다.
이런 사람을 사람 되게 하자면 흑인을 백인으로 만드는 만큼이나 힘들 것이다.
아침에 일어나 방문을 열어보니 가방과 함께 보이질 않았다.
깜짝 놀라 메모라도 남긴 게 없나 하고 찾아보니 메모는 없고 요 위에 커다랗게 세계지도를 그려놔 부끄러워 가버린 것으로 추정되었다.
얼마 있다가 전화가 왔길래 공중목욕탕에 있으니 공장 갈 때 부르면 나가겠다고 하였다.
아침은 먹었는지 물어보니
"안 먹어도 됩니다. 술이나 한 병 마시면 됩니다."

"송 사장 그러지 말고 함께 식사나 해요. 그러다가는 몸 버리고 큰 병 생겨요"
"우리 엄마하고 똑같은 소리 하시네. 나는 괜찮으니 그런 걱정 하지 마이소" 하더니 전화를 끊었다.

목욕탕에 있는 송 사장을 불러서 함께 택시를 타고 서강산업 장미스텐으로 갔다. 김 사장은 우리가 오기만을 기다렸는지 일찍 출근하여 반갑게 인사를 했다. 송 사장을 인사시키고 자리에 마주 앉았다.
이미 알려준 대로 법무사에게 맡겨 작성해 놓은 계약서가 준비되어있었다.
계약서를 우리 앞에 내밀며 보여주길래 하나하나 꼼꼼히 읽어보았다.
그러나 송 영일은 관심이 없다는 태도로 나더러 다 알아서 하라고 하였다.
몇 곳만 고쳐서 고친 곳에 도장을 찍고 甲 김문경 사장 乙 송영일 사장 丙 전준상 전무 3人의 서명을 한 후 법원 앞 공증사무실로 가서 공증을 하였다.
공증이란 특정 사실 또는 법률관계의 존부를 공적권위로서 증명하는 행위이다. 공증서류를 가지고 있는 것은 돈을 준 채권자가 미래의 채무자에게 채권추심 절차를 진행하는데 법적 효력이 되는 서류이다. 그러므로 돈을 준 금액과 돈을 갚는 기간이 반드시 명시되어야 한다.

금액은 20억 원으로 하였고 기한은 2년으로 하되 '단' 2년 더 연장이 가능하다라는 조항을 넣었다. (지금 돈 20억은 강남의 40평 아파트 한 채 값이다.)
그리고 丙에게 2억 원을 선지급하고 전체 매출에서 이윤 분배 시 감액한다는 조건도 달았다.

공증이 끝나자 송영일이 부산에 계신 어머니에게 전화를 걸었다.
"어머니 공증이 끝났으니 공장 계좌로 입금해 주이소."
어머니는 알았다고 하시면서 집 앞 제일 은행으로 가서 바로 넣겠다고 하셨다.
나를 바꿔 달라고 하셨는지 수화기를 건네 전화를 받으니 어머니는 어젯밤에 우리 영일이 술 마셨는교? 물으셨다.
돈을 보내면서까지 아들 걱정이 앞서는 어머니셨다.
잠시 후 돈을 보냈다는 연락을 받고 우리 셋은 공장으로 향했다.

사장실에 책상 두 개를 더 들여놓아 송 사장과 전 전무 각각 자리를 마련해 주셨고 유명한 마포 주물럭집에서 셋은 성공을 다짐하며 점심식사를 했다.
이 와중에 송영일은 차를 보러 가자고 보채어 현대 자동차매장으로 데리고 가니 현찰로 결재하며 소형차를 바로 뽑았다.
저녁에는 또 신촌으로 나가서 술 한 잔 더 하자고 하여 집에 가서 그냥 저녁 먹자고 하였더니 안 되겠는지 모텔방을 얻어서 월세로 살겠다는 것이다.
솔직히 아주머니한테 창피해서 못 들어가겠다고 털어놓으며 애꿎은 맥주만 나무랐다. 양주는 양이 적어서 괜찮은데 맥주만 마시면 가끔 실수한다는 것이다. 나이 40에 알코올 중독으로 아랫도리가 벌써 부실해졌다는 증거이며 남자 구실도 제대로 못 할 게 뻔해 보였다.

공장은 자금이 넉넉하니 스텐 원자재도 풍족하게 들여놓고 공원도 증원시켜 순풍에 돛단 듯 잘 돌아가고 있었다.
송영일은 공장일에는 관심이 없었고 술 먹을 궁리만 하며 저녁 해지기만을 기다렸다가 요정에 드나들며 요정에 혼자 갈 수가 없으니 꼭 나와 동행하려 했다. 신촌에 있는 '목련각' 아가씨에게 단단히 홀려 있었기 때문이다.
한일스텐에 있을 때는 선배 한현수 사장 때문에 무교동으로 매일 불려 다니다시피 했는데 이번에는 송영일 때문에 신촌으로 불려 다녀야 했다.
이렇게 일주일이 지나자 아침에 양치질할 수 없을 정도로 구역질이 나왔다. 아무래도 술을 너무 마셔 간이 나

빠진 게 아닌가 하고 겁이 나기도 하였다.
그래서 그날 이후부터 저녁이면 슬그머니 이 핑계 저 핑계로 피하게 되었다.

공장 제품은 워낙 품질이 좋아 날개 돋친 듯 불티나게 팔렸다.
나는 이때 선금받은 2억 원으로 월세에서 아파트를 장만하게 되었다.
김 사장은 오랫동안 서강 산업을 경영해오신 분이라 사업수완이 좋아서 공증한 기한보다 1년 앞당겨 1년 만에 송영일 투자금을 갚았다.
생산공장은 신상품 하나가 히트하면 돈 버는 건 시간문제였다.
그래서 이왕 사업하려면 마진이 좋은 제조업을 하려는 것이다.
김사장은 송영일 덕분에 사업을 이어갈 수 있어서 고맙기는 하지만 고개를 설레설레 흔들었다.
송영일은 할 일이 없으니 공장 여공들에게 시비를 걸며 말썽만 피워 투자금을 **빨리** 갚고 나면 공장에서 나가주기를 원했다.

송영일 어머니께 투자금을 모두 돌려드리고 인사를 드리러 송영일과 함께 부산으로 내려갔다.

어머니는 아쉬워하시면서 서울에서 좀 더 데리고 있기를 원하셨지만, 공장 김 사장도 그렇고 나도 더 같이 있다가는 같이 미친놈이 될 것 같았다.
술만 마시면 약자를 괴롭히는 습관이 있는 걸 보면 사람의 본성은 변하기가 어려워 어려서부터 가정환경과 부모의 교육이 중요하다는 걸 깨달았다.
그래서 혈통과 가문이 중요한 것이다.
그 후 몇 년 동안 소식이 끊겼다가 송영일이 간암 판정을 받고 얼마 못 가서 사망했다는 소식을 접했다. 장례를 치른 한참 후라 조문도 못가고 해서 어머니께 위로 전화만 드렸다.

8. 골드 파트너 전성시대

　나는 장미스텐에서 만든 스텐 김치통 大, 中, 小를 참고로 하여 바이오세라믹을 플라스틱과 합성한 냉장고용 밀폐 용기를 개발하였다.
크기가 다른 5단으로 하여 금형을 만들기 위해 양평동 김옥배 사장을 찾아갔다.
금형 공장에서 바디(몸통) 5개, 캡(뚜껑) 5개 총 10벌의 금형을 제작하기로 하였다. 금형 설계에서부터 25cc 금형 재료를 파내는데 제작 기간이 90일 정도가 걸렸다. 바디와 캡이 잘 맞으려면 캡을 정밀하게 제작해야 하는데 만약 정밀하지 못하면 닫기가 어렵고 튀어나오게 된다. 그러면 또다시 해야 하는데 나머지 금형은 시 사출만 해놓고 잠자고 있어야 할 상황이 된다.

냉장고는 삼성 금성 대우 위너스 등에서 성능이 좋고 세련된 제품이 쏟아져 나오는데 그런 냉장고에 어울릴 만한 세련된 디자인과 김치 냄새가 배지 않는 김치통이 필요하다는 생각을 하였다.
바늘 가면 실가는 격으로 한국 사람이면 냉장고에 김치가 꼭 있고 김치가 있으면 냉장고 문을 열 때 김치나 반찬 냄새가 나지 않는 제품을 만들자 라는 생각으로 많은 연구를 하게 되었다.
가볍고 견고한 플라스틱과 미생물로 악취를 잡는 바이오 필터 그리고 악취 물질을 정화하는 세라믹을 합쳐 소재로 하였다. 제품 디자인은 투명 바디에 파스텔톤의 색상을 뚜껑으로 정하였고, 박스 디자인은 신선함이 강조되도록 하였다. 상호는 주식회사 '골드'로 사업자를 내고, 밀폐 용기의 상표는 '골드 파트너' 하여 본격적으로 제품을 찍기 시작했다.

3단 요 다음으로 나의 두 번째 사업은 내 생각이 적중하였고, 제품은 공장이 쉴 수 없을 정도로 팔렸다. 그 짜릿함은 마치 홈런을 친듯한 심정이었다.
김치통에 이어 반찬 용기를 만들었다.
그 당시 좀 사는 집 냉장고에 미국 수입품 타파웨어라는 밀폐 용기가 있어서 국내 생산을 하면 경쟁력이 있겠다고 생각하였다.
이번에도 김옥배 사장에게 원형 용기 大,中,小와 사각 용기 大,中,小 12pcs 금형을 맡겼다.
이때 김 사장은 전 사장 덕분에 자기 아이들이 대학까

지 다 보낼 수 있다며 늘 고마워했다. 김 사장 아들은 지하철 공사에 근무하면서 늘 효자 노릇을 하였고, 원주 소장인 예산 농고 선배 김건태 큰딸은 지금은 삼성병원 간호 부장인데 간호대학을 다닐 때 전 사장 덕분에 등록금을 낼 수 있었다면서 항상 고마워한다.

회사는 규모가 커져 우리 공장 ㈜골드 직원은 공장직원 180명에 영업부 사원 10명, 직영 영업소 24개, 본사 경리 3명 그리고 내근직 직원 세무담당 직원, 회사 차량 트럭과 자동차 12대 기사까지 200명이 넘었다.
계속해서 신상품을 출시하여 사각 김치통에 이어 직사각 김치통, 약수 물통에 이르기까지 수많은 제품을 만들었다.
이때 내 나이가 40대 초반이었다.

원형 김치통 금형 10벌이 3번이나 다시 제작해야 할 정도로 찍어냈다.
눈이 오나 비가 오나 일 년 열두 달을 밤낮없이 찍어내니 제아무리 강철같은 쇳덩어리라도 닳고 닳아서 물이 줄줄 새어 금형을 파고 또 파야만 했다. 그야말로 즐거운 비명이다.
직원들도 누가 골파(골드 파트너의 줄임말)를 가져다가 한강 물을 메꾸는 거 아닌지 모르겠다며 즐거워하였다.

이때가 88올림픽 막이 오른 후 얼마 안 되었으며 우리나라 냉장고 보급률이 80만대밖에 안 되는 시기였다.

영업소 중 가장 많은 판매실적을 올리는 곳이 인천 영업소였는데 공계순(당시 28세) 소장은 판매 방식이 남다르고 비상하였다.
우선 영업사원 3명에게 소형차인 프라이드나 티코를 지급하여 기동성 있게 움직이게 하였고, 삼성, 금성, 대우 등 인천지역 가전제품 대리점으로 가서 냉장고를 구매하는 고객에게 5단 김치통을 사은품으로 주도록 영업하였다.
'시서스'라는 판촉물 잡지(지금은 고려 기프트)에 광고를 내어 보험회사 판촉용, 은행 판촉용으로 판매하여 그 당시 보험사와 은행은 골드 파트너를 모르는 사람이 없었다.
본사 영업부장이던 한 부장은 회사에서 지급한 차를 타고 다니며 대기업 창립기념일 선물용, 노동절 선물용으로 주문을 받아 와 제품을 찍어 공장 창고에 산더미처럼 쌓아두어도 하루아침에 출고되고 없었다.

첫째 제품 생산에 필요한 것은 금형 이외에 바이오 세라믹을 수지에 섞어서 사출기에서 찍어내면 라벨을 붙이고 인화 박스에 포장하여 10박스씩 카톤 박스에 넣으면 완제품이 된다. 과정은 간단하였고 제품이 유통기한도 없어 그야말로 땅 짚고 헤엄치는 사업이었다.
생산도 하루 24시간 찍어내면 1,000세트까지 가능하여 오더만 받아 오면 공급은 얼마든지 가능했다.
그야말로 인재 한 사람이 만 명을 먹여 살린다는 말이 과언이 아니었다.
200명이 넘는 직원에 그의 가족들과 거래처 물건을 받아서 파는 중간 상인, 판촉물을 주는 전국 기업체 대표와 그 직원들 모두 한 제품으로 파생되어 이익을 얻는 사람들이었다.

나는 현대자동차에서 그랜저가 첫 출고 되었을 때 그랜저 3,000을 샀다.
지방 영업소를 자주 다녀야 해서 기사를 두고 대전, 전주, 광주, 진주, 마산, 부산, 울산, 포항, 대구, 청주를 거쳐 춘천, 원주, 인천, 서울 중앙 영업소와 제주도까지 순회를 했다.
비행기로 부산과 제주도를 하도 다녀 마일리지를 계산해 보니 서비스로 부산과 제주를 100번은 더 다닐 수 있을 정도였다.

지혜의 숲 1권에 나오는 ㈜아이케이 김상문 회장의 자갈 채취 사업이나 지혜의 숲 2권에 나오는 여의도 백화점 이수영 회장의 모래 채취사업이나 지혜의 숲 3권에 나오는 전 박사의 골드 파트너 사업이나 무에서 유를 창조했다는 점에서 거의 맞먹는 사업이 아니었나 생각이 든다.

상품이 히트하여 날개 돋친 듯이 팔리면 현금으로 선결재를 받아도 팔리고 안 팔리는 상품은 어음거래나 위탁하여 팔면 천대받고 누가 거들떠보지도 않고 먼지만 뒤집어쓴 채 잠자고 있는 상품이면 그 회사는 망할 수밖에 없다.
그래서 히트 상품을 개발하려고 무던히 애를 쓰는 거고 독점 상품이 되면 경쟁하는 곳이 없어 가격을 사업주 마음대로 결정하므로 이윤이 많아 돈방석에 앉는 것이다.

흔히들 발명은 필요의 어머니라고 한다.
필요한데도 발명되지 못하는 것들이 무수히 많다.
발명은 먼데 있는 것이 아니라 가까운 데서부터 시작된다.
발명하다가 중단하면 실패이고 끝까지 해내면 성공인 것이다.

미국의 발명왕 에디슨은 84세에 사망할 때까지(1847

년~1931년) 특허 수가 1,000여 종이 넘었을 정도 발명하는 데 평생을 바쳤다.
초등학교 3학년인 아이가 밖에 나가질 않아 어머니가 집에서 가르쳤다.
가난했던 에디슨은 12세 때 기차에서 신문과 과자를 팔았고, 독서와 실험하기를 좋아했다.
에디슨은 <실험적 연구>라는 책을 읽고 깊은 감명을 받고 그 책에 나오는 실험을 연구하다가 21세에 발명한 전기 투표 기록기가 최초로 특허를 받았다.

이어서 주식 상장 표시기를 발명하여 거기서 받은 상금으로 공장을 세워 전화기, 축음기, 백열전구, 촬영기 등을 계속해서 발명하였다.
 이때가 1900년~1910년으로 발명한 것은 번영하였고, 월가의 재벌들은 그의 특허를 손에 넣고자 서로 경쟁을 벌였다. 백열전구 발명으로 1882년에는 세계 최초의 에디슨 전기회사가 창립되어 그는 '천재란 99%의 노력과 나머지 1%의 영감으로 이루어진다'라는 명언을 남기기도 했다.

발명품이라고 해서 모두 다 히트하는 것은 아니며 상품성이 없어 버려지는 것들도 많다.
그러나 사람들은 열 번 실패에 한 번 히트로 만회하려

고 발명의 매력에서 헤어나오지 못한다.

발명에 맛들면 마치 마약에 중독된 듯하여 나 역시도 발명 특허가 80건 실용신안, 디자인, 상표등록 한 것들이 200건이 넘어 특허청에 기록이 남아있다.

변리사 비용 및 특허 연차 납입금만 해도 수천만 원에 이른다.

아직도 미련이 남아 아이디어는 좋은데 상품으로 만들지 못한 '레이저 미용 마스크'와 밀폐 용기 '에어 제로'는 5억 원 이상을 투자하였으나 끝을 못 본 특허품들이다.

미용 마스크는 요즘 나오는 LED 마스크의 시초라고 할 만하다.

내가 특허받은 것은 얼굴에 쓰면 레이저를 이용하여 미백, 잡티, 주름, 탄력을 주는 것으로 비용이 많이 들어 대기업에서나 손댈 만한 제품이라 소상공인이 감당하기에는 무리가 되었다.

또한 에어 제로는 골드 파트너 밀폐 용기의 몇 단계 발전된 제품이라고 할 수 있다. 이것도 5억 원 이상 개발비에 쏟아부었으나 실험단계에서 실패가 거듭되어 중단한 상태이다.

이렇듯 특허를 내고 상품화하는 데는 많은 과정이 필요하다.

에디슨이 전구 하나를 개발하는데 1,000번 이상 실험하여 유난히 눈이 많이 내린 1879년 12월 3일 미국 뉴저지주 에디슨 연구소에 드디어 환한 빛이 켜졌다. 드디어 백열전구가 탄생한 순간이다.

에디슨의 전구 발명으로 인해 인류는 많은 혜택을 보고 있으며 활동 시장도 확대되었으며 전구는 19세기 최고의 발명품으로 기록되었다.

이외에도 인류에 기여한 발명품은 무수히 많다. 그중 가장 위대한 발명품에는 전화기, 컴퓨터, 냉장고, 인터넷, 종이, 페니실린, 레이저, 나침판, 텔레비전, 휴대전화 등이 있다.

옛말에 '재주 많은 사람이 조석 간데없다'라는 말이 있다.

이 말은 재주가 많으면 여러 가지 일은 잘 하나 남는 게 없다는 말로 발명품을 개발하다 보면 미련이 남아 계속 투자하게 되어 돈을 모으지 못한다.

돈을 버는 것보다 돈을 지키는 게 더 어렵다고 특히 사업은 사람이 돈 벌어주는 것이다 보니 어떤 사람을 쓰느냐에 따라 성패가 갈려 사람이 무기다. 라는 말을 실감하게 되었다.

한석영 본부장과 김영진 관리부장은 남의 일은 아무렇

게나 하고 본인들 일 또한 소홀하여 성공할 수가 없는 사람들이었다.

본부장이라는 자는 거래처 금형 공장에 가서 우리 회사를 소개하면서 91pcs 혼수용 세트를 발주하는 조건으로 승용차를 뇌물 받았고, 관리부장이라는 자는 회사에 출근 도장만 찍고 다른 회사에서 영업을 해주며 돌아다녔다. 회사에서 지급한 자가용도 마치 본인들 소유인 양 사용하였다.

김포 양촌리(지금은 신도시가 됨) 공장에 십우회 친구인 맹호영을 상무 이사로 책임지게 하였고, 집안 동생인 전훈상을 감사로 근무하게 했는데 이 두 사람을 제외하고는 모두가 도둑놈들이었다.

그 당시 출근부에 도장을 찍고 외근을 하면 기름값과 점심값을 받아서 나가서는 전혀 다른 짓을 한 것이다.

영등포 경찰서에서 형사로 근무하던 양 길준이라는 친구가 빠징코 가게를 단속하다 주인으로부터 200만 원을 뇌물 받은 게 탄로가 나서 사표를 내고 경찰 옷을 벗게 되었다.

나는 그 친구를 특채하여 본부장과 관리부장의 뒷조사를 하게 하여 그들의 비행을 낱낱이 알 수가 있었다.

또 보험회사 판촉물 담당하였던 자는 보험회사에서 잘리고 설계사 다섯 명을 우리 회사로 와 특판팀을 꾸렸다. 육군 중위 제대 후 보험회사 소장까지 했던 자라 믿고 맡겼더니 팀원들을 데리고 놀러만 다녔다. 그들은 일비 이외에는 수당제였기 때문에 여섯 명에게 매일 지불한 일비로 몇 달 손해 보다가 모두 퇴사시켰다.
내가 사람 볼 줄 모르기도 했거니와 모질지 못한 탓도 있어서 모든 게 다 내 책임이라는 생각을 했지만, 배신감은 이루 말할 수 없었다.
그들이 돌아다니며 사람들에게 떠벌리기를 우리 전 사장은 돈벼락 맞아 돈에 쩌 눌려 산다고 했다. 맞는 말이었다. 아무리 그들이 나가서 큰 구멍을 여러 개 내도 회사가 무너지지 않고 충분히 메꿀 수 있었다.
책 제목대로 사람들 사는 모습은 천 가지 모습과 만 가지 형상들로 천태만상(千態萬象)이었다.

박정희 대통령이 했던 말 중에 우리나라는 전 국민이 다 벌어서 잘사는 것이 아니라 대기업 열 곳이 잘 돼서 나라 전체가 잘 굴러가는 것이라고 하였다.
㈜ 골드도 전 직원 모두가 인재일 수는 없어도 성실한 간부와 양심 있는 영업소장들 덕분에 무너지지 않았다. 하지만 처음 3단요 사업할 시절 전국 다섯 개 직영점 소장 그리고 골드 파트너 전국 24개 직영점 간부 중 몇몇은 지금도 내 머릿속에는 불성실한 사람으로 기억된다.

그들의 공통점은 나보다 다 나이가 많았지만 배울 점이 없었다.
오로지 술과 노름으로 세월을 보내고 유흥을 즐기며 책이라고는 전혀 읽지 않았다.
일생을 지배만 받고 스스로 개척해나갈 팔자가 아니었으며 눈치만 보다 기회만 생기면 남을 속이고 적당히 넘어가려는 사람들이었다.
자존감이 낮아 절대 남의 말을 수용하지 않고 본인 말이 맞는다고 언성 높이며 주장한다.
책은 사람을 만들기 때문에 독서 하지 않는 사람은 가까이하지 말고 경계하라고 한 말을 실감했다.

사람은 자신이 아는 만큼 겉으로 나타나게 된다.
배우지 않고 느끼지 못하면 깨닫지 못하는 법이다.
과거의 모든 것들이 쌓여 지금의 내가 되듯 잘못된 습관이나 어리석은 행동들이 쌓이면 나이 들어서 반드시 대가를 치르게 된다.
반면 아무리 배운 게 없고 부모에게 교육받지 못하였어도 책을 읽으면 그 속에 답이 있다. 글 속에 길이 있어 내가 나아가야 할 방향을 제시해 주고 가치관을 성립해 준다.
그만큼 독서는 선택적으로 시간 날 때 하는 것이 아니라 필수이다.

독서를 많이 하는 사람의 모습은 겉모습부터 달라 지적이며 고상하게 보인다.

인간은 인류의 역사가 시작할 때부터 벽화를 그려 의사표시를 했고, 활자가 생기고 글이 생겼다. 그러므로 인간과 인간이 소통하기 위한 가장 기본이 되는 것이 글이다. 그러므로 책을 읽지 않은 사람과는 소통이 되지 않는 면이 많다. 글을 읽고 나의 생각과 남의 생각을 더해 좀 더 나은 사람이 되기 위해 노력해야 한다.
수많은 범죄자가 항상 후회하는 것 중 하나가 '그때 좀 참을 걸'이다.
참는다는 인내는 수양을 통해서 이루어지는데 이 또한 책을 많이 읽은 사람일수록 진리를 깨닫게 된다.
나 또한 책을 통해 창의력을 얻었고, 진리를 깨달았으며 인생을 배웠다.

사업도, 배우자도, 부모도, 친구도, 지인들도 어떤 사람을 만나느냐에 따라 인생이 변하고 팔자가 바뀐다.
사업을 하며 나와 인연이 되어 거쳐 간 수많은 사람과 독자 3만 명 이상을 상대하여 비로소 그들의 마음을 꿰뚫어 보는 독심술이 생겼다. 그건 내가 읽은 책들 속에 답이 있었고 나를 자부할 수 있는 자신감이 되었다.

9. 일본 현지 법인

 우리 집안 과수원을 이어받아 운영하던 쌍둥이 태상이 형은 아버지처럼 살충제 소독약으로 인한 오염으로 간암이 걸려 젊은 나이에 사망하였다.
이때 형의 나이가 47세였고, 이어서 양부님도 모두 80대에 돌아가셨다.
쌍둥이 형은 농사꾼도 못 되고, 사업가 기질도 없었다. 마냥 순진하고 유약하여 '허벅이'로 불릴 정도였고, 마음만 좋은 사람이 토건 사업과 카바레 사업을 한다고 과수원은 내팽개치고 하루가 멀다고 온양 시내에서 살다시피 하였다. 조직 폭력배들이나 감내할 수 있는 사업을 순박한 노인같다고 하여 허벅이라는 말을 듣는 사람이 절대 할 수 없는 일이었다.

물장사는 아무나 하는 게 아닌데 허물 허물하여 '허벅이'라는 별명까지 듣는 사람이 온양 안곰보 딸의 꼬임에 말려서 온양 카바레를 동업하게 되었다.

이때 안곰보 딸은 과부로 카바레를 하면서 초청 가수로 키 큰 원로가수 박 씨(누구라고 하면 다 알 수 있는 인지도를 가진)에게 출연료를 후하게 주면서 그 가수와 놀아나고 있었는데 이런 사람에게 형은 돈을 대주다가 엄청난 빚을 지게 되었다.

동업하다가 망하면 누구에게 하소연할 수도 없는데 빠져들게 되니 자금을 마련하려고 동네에서 쌀 장려 빚을 지고, 또 과수원을 신용보증기금에 담보로 하여 고모네 아들 박윤구와 돈을 나눠쓰는 지경에 몰리게 되었다.

쌀 빚과 과수원 담보는 카바레 사업으로 갚아나갈 수 없다는 것은 강 건너 불 보듯 뻔하였고 또 경험도 없고 귀가 얇은 형은 각 마을 입구를 넓히는 토목공사에 뛰어들어 콘크리트 까는 작업에 돈을 대다가 빚은 산더미같이 불어있었다.

순박한 어머니와 형수는 형이 무얼 하는지, 빚이 있는지 전혀 모르는 눈뜬 장님이었고, 나 역시도 전혀 몰랐다가 사면초가가 된 형이 나를 찾아와 자초지종을 듣고 알게 되었다. 이야기를 듣고 나니 깜짝 놀랐고 기가 막혔다. 이미 배가 침몰 되어 구제 불능 상태로 밑 빠진 독에 물 붓는 격이었다.

과수원은 경매될 것이고 동네 장려 쌀 빚은 눈덩이처럼 불어날 것이 뻔하였다.

이미 빚이 너무 많아 나에게 기대어 형을 도와 빚을 갚는다는 것은 불가능한 상태까지 와버렸다.
그래서 형을 설득하여 과수원이 경매되기 전에 후 순위로 담보하여 돈을 더 얻을 수도 없으니 스텐 공장에 담보로 넣어 제품을 받아 현금을 만들어 우선 동네 쌀 빚이라도 갚는 것이 좋겠다고 하였다.
이미 과수원은 엎질러진 물이니 찾기를 포기해야 했고, 뾰족한 길도 없었다.
동네 빚을 갚지 않고서는 동네 사람들에게 시달려 살 수가 없자 형도 그러자고 하였다. 옛날 동네 빚은 쌀 100가마니면 다음 해 가을에 100%인 쌀 200가마니로 늘어나는 살인적인 빚이라 무서웠다.

나는 형과 함께 서울 문래동에 있는 경동 스텐으로 갔다.
과수원 선담보는 신용보증기금에 있으니 후 담보로 제품을 주면 판매하는 대로 입금하겠다는 조건을 제시하였다.
다행히 대전, 전주, 광주지역 대리점 계약을 하게 되어 형이 서명 날인을 하였다.
일이 성사되고 빚을 갚기 위해서는 하루가 급하였다.
이런 일을 해본 적이 없는 형을 대신해 손위 처남인 배창수에게 맡겨서 판매해 오도록 맡겼다.

대전 사무실로 형이 수시로 판매한 현금을 받아가서 동네 쌀 빚을 모두 갚아주었다. 이렇게 변수라도 썼기 때문에 빚을 갚을 수 있었지 그렇지 않으면 그냥 갚지도 못하고 시달렸을 것이다.

이번엔 과수원을 선 담보로 하여 돈을 나누어 썼던 박윤구에게 돈을 받아야 했지만 한 푼도 받을 수가 없었다.
그 동생은 온양 여고 앞에 대형 냉장창고를 지어 채소와 과일을 냉동 저장하는 사업을 하였다. 그런데 전기료가 밀려 체납금을 갚지 못하자 냉동창고에 있는 양파와 농산물이 모두 썩어 사업이 쫄딱 망하게 되었다.
이러니 한 푼도 받을 수가 없었고, 게다가 안곰보 딸 카바레 사기, 토목공사 투자 실패로 재생할 길이 없었다.

법원에서 경매하러 감정하겠다고 여러 사람이 들락거리니 어머니와 형수가 놀라서 무슨 일이냐고 묻자 형은 얼떨결에 그동안의 일들을 차마 얘기할 수가 없으니 나를 핑계 대며 준상이가 사업하는데 담보로 빌려주었다고 말하며 갚아줄 거라고 우선 안심시켰다고 하였다.
하지만 어머니와 형수는 그 말을 그대로 믿고 나를 원망하며 소문을 내어 형제들과 친인척들도 모두 내 탓인

줄로 알았다.
순진하고 착하기만 했던 형은 걱정과 스트레스 그리고 과수원 소독약 때문에 간경화로 몸져누웠고 간암으로 악화하여 아까운 목숨을 잃게 되었다. 가장 친한 친구였던 강태구는 오열하며 나보다 더 울었고 형의 입으로 끝까지 해명하지 못하고 눈을 감으니 나는 억울한 상황이 되고 말았다.

아무리 설명을 해도 누구도 순진한 형이 그런 사업을 했을 리가 없다고 하였고, 양아들로 간 내 어린 시절과 형 말만 믿는 사람들로 인한 상처와 서러움은 지금까지 내 가슴에 무거운 돌멩이를 얹어 놓은 듯 답답한 심경이다.
유일하게 형의 말을 들은 사람은 형이 처음 나를 만나러 왔을 때 옆에 있던 어린 큰딸 선미였다. 시간이 흐른 뒤 내가 이런 누명을 쓰고 있다는 것을 알게 된 딸이 어렸을 때 분명히 큰아버지가 한 말을 기억하고 있었다.

경동 스텐에 담보로 물건을 받아 그나마 갚았고, 신용보증기금에 고스란히 넘어갔다면 할 수도 없던 일인데 죽은 자는 말이 없으니 답답하였다.
형제들도 그대로 믿고 뒤에서 쉬쉬하였다는 것을 한참

후에야 조카 결혼식에 참석하려고 미국에 갔을 때 동생 내외가 말해주어서 알게 되었다.
자초지종을 설명하고 오해를 풀긴 하였지만,
물에 빠진 사람 건져주니 형수는 남편 말만 믿었고 나를 원망하면서 미국에 있는 두 동생과 누님들에게 그대로 전한 것이었다.

그렇지 않아도 집안일로 속상한데 죽산리 왕고모네 사는 권영문이라는 친구가 우리 골드 파트너 서초대리점을 하고 있을 때 내가 뒤통수를 맞는 사건이 생겼다.
권영문은 한마디로 '백 돼지'라는 별명답게 덩치는 크고 음흉하였다.
날개 돋친 듯 대박 났던 제품이 재고가 쌓이기 시작하여 알아봤더니 권영문이 다른 짓을 하고 있었다.
나는 24개 영업소에 5천만 원씩 제품을 밀어주었고 판매하면 본사에 입금해야 하는데 12억이나 깔아놓았는데 유사품을 만들어 우리 24개 영업소에 반값으로 현금을 받아 모으고 있었다. 우리나라는 뭐가 잘된다고 하면 금방 따라 하듯이 골드 파트너가 잘되니 권영문이 욕심이 지나쳐 그대로 모방한 것이다. 주먹이 먼저지 법은 나중이라 소용이 없었다.
그것도 같은 하청 업체인 유한 공장은 우리 것을 생산하고 있었는데 권영문이 만든 가짜 제품을 같이 생산하였으니 모두가 한통속으로 어처구니가 없는 일이었다.
인간에 대한 배신감과 환멸은 이루 말할 수가 없었다.
이 일로 각 영업소에 깔린 12억 원의 미수(잔금)도 회수하지 못하고 유통질서가 무너져 제품 가치가 떨어지니 더는 생산할 수가 없었다.

가장 많이 납품받았던 남대문 그릇 가게 박사장이 자신이 인수할 의사를 보이기에 금형과 재고를 싹 다 넘겨주었다. 그 회사는 후에 '락앤락'으로 상장되어 크게 성공하였다.
24K 금도금으로 만든 단독제품 5억 원어치를 들고 일본 도쿄와 신주쿠에서 ㈜생보석 홈쇼핑과 내가 집필한 책들로 출판사를 겸하게 되었다.
일본에서 5년간 기거하면서 몰랐던 일본 문화와 풍습을 많이 경험하게 되었다.

일본인들은 남에게 피해 주는 것을 가장 싫어한다.
지하철에서 신문을 보더라도 옆 사람 공간에 침범하지 않도록 반으로 접어서 읽고 발을 밟거나 하지 않도록 무척 신경을 쓴다.
독서 인구도 우리보다 50배나 많아 지하철에서 대부분 책을 읽는 사람들이다.
신문광고를 하기 위해 광고부 직원이 ㈜생보석인 우리

회사에 방문한 적이 있다. 방문하기 전 시간 약속했던 시간을 정확하게 지켰는데 이후로도 한치에 어긋남이 없이 시간을 지켜 믿음이 갔다. 올 때마다 음료나 문구용품의 선물을 사 오며 한 번도 빈손으로 온 적이 없다. 나도 그래서 귀국 후 거래처를 갈 때마다 약속시간을 지키는 것은 물론 꼭 선물을 사서 방문했다.

그리고 일본은 '성'에 대한 개념이 우리와는 많이 다르다.
남자 공중 탕에 여자가 거리낌 없이 청소하러 들어오기도 하였고, 벌거벗은 남자를 때 밀어주는 세신사도 여자였다. 우리나라 같으면 기겁할 일이었을 텐데 그들은 아무렇지도 않았다.
또한 우리나라는 1997년에 들어서 생겨난 성인용품점이 일본은 여기저기 버젓이 있었다. 우리나라보다 20년이나 앞서갔다. 노래방이나 전화방도 일본이 먼저 성행하여 우리나라에 들어온 문화이다.
그뿐만 아니라 우리나라 대표 신문인 조선일보는 200만 부 밖에 안 되는데 일본의 매일 신문은 800만 부가 배포되어 북부 삿포르 중부 도쿄 중심 남부 오사카 지역까지 3등분 하여 신문이 배포되었고 광고도 각 지역별로 게재되었다. 광고 심의가 까다롭고 비용도 고가이지만 효과가 아주 컸다.

그 당시 우리나라는 신문 가판대를 찾아보기 힘들었는데 일본은 거리마다 신문, 잡지, 무가지 책자들이 넘쳐났으며 서점도 한 집 걸러서 있었다.
한국인이 운영하는 비지 무가지 잡지는 매월 2만 부씩 교민에게 발송하여 통신판매가 엄청나게 이뤄져 연간 재산세만 우리 돈으로 10억 원을 납부하고 있었다.
지금 우리나라 홈쇼핑 업체에서 보내는 광고지 카달로그인 셈이다.
홍보물이 거리마다 넘쳐나고 골목과 거리는 걸레로 닦은 듯 깨끗하여 일본인들의 민족성이 부지런하고 성실하다는 것을 보여준다.

우리나라는 전통의복이 한복이라면 중국은 치파오, 베트남은 아오자이, 일본은 기모노이다.
61세에 사망한 도요토미 히데요시(1537년~1598년)는 일본의 최고 권력자였으며 임진왜란 때 이순신 장군과 겨룬 인물이다. 그때 일본 여성들에게 기모노 속에 속옷을 입지 말 것을 명하였는데 전쟁으로 인구수가 줄어들어 인구를 늘리기 위한 방편이었다고 한다.
일본인은 체구가 작고 왜소하여 '왜인'이라고 하였으며 우리나라 사람들은 배가 다 찰 때까지 먹지만 일본인은 소식하여 세계 1위 장수 국가가 되었다.
그 외 부족한 것은 질 좋은 영양제로 보충하여 영양을

충분히 채웠다. 예를 들어 식초, 낫또, 오메가3, 비타민, 종합 영양제는 일본인에게 필수품으로 시장규모도 엄청나게 크다.

나는 일본에서 다른 사업은 신통치가 않았지만 그 대신 얻은 것은 성인용품 시장의 규모를 보고 안목을 넓혔다.
성문화에 폐쇄적인 우리나라가 세무서에서 사업자를 내주는 것도 1996년부터이다. 이 무렵 미국 하버드에서 유학 생활을 하던 청년 백사장이 졸업 후 우리나라에 이화여자대학교 신촌 거리에 성인용품 1호점을 내었고 대박을 터트렸다.
일본에서는 성인용품 총 도매시장으로 엄청난 매출을 올려 5층 빌딩 전체가 성인용품으로 빼곡하였다.

나는 그래서 일본에서 보고 느낀 점을 응용하여 사업하기로 결심하였다.
일본에서 하던 홈쇼핑으로 판매하던 금 그릇과 출판사를 접고 5년 만에 귀국하여 스포츠지에 광고를 내었다. 성인용품을 취급하는 것은 물론 리얼돌(여자 인형)을 생산하였다.
생각대로 대박이었다.
고창기에게 생산 방법을 알려줘 생산해오도록 하였지만

마지막에는 결국 배신하고 행방불명되었다.
우리나라도 법적인 문제가 없었고, 신문사의 제지도 없었다. 오히려 일부에서는 이제 우리나라도 성폭력이 사라지겠다고 하는 사람들도 있었다.
스포츠지 5단은 고사하고 ¼짜리 쪼가리 광고를 내어도 광고빨은 산삼 약발 받듯이 엄청난 효과였다.
이때가 1996년~2,000년까지였다. 휴대폰이 많이 보급되지 않았고 나는 벽돌폰이라고 부르던 처음 나온 휴대폰을 사서 광고를 내었더니 새벽부터 전화통에 불이 났다.
옛말에 어른들이 하는 말이 사람은 열 번 바뀌고 운은 세 번 온다더니 나에게 세 번째 대박 운이 온 것이다.

월부책과 스테인레스 주방용품 사업
3단 요 사업과 전기밥솥 이외
냉장고용 김치통과 반찬용 밀폐 용기 제조업
성인용품 및 건강식품 신문광고 판매 홈쇼핑
그 시절 가장 전망이 밝은 비전 있는 사업은
건강 관련 사업, 뷰티 사업, 성에 관한 사업을 하면 안 망한다는 말이 있었다.
세월에 따라 세상이 바뀌듯 상품도 판매 기술도 바뀌어야 하며 제아무리 좋은 상품도 소비자가 알지 못하면 아무런 의미가 없다.

한마디로 광고 전쟁 시대가 되어 TV홈쇼핑인 CJ 쇼핑, LG 쇼핑, 롯데, 신세계 쇼핑 등도 붐이 일기 시작하여 가장 많은 판매 매출을 올렸다. 그 이외 다단계식 네트워크, 강의 판매, 체험실 판매 등 다양한 판매방법이 있다.
내가 3단 요와 책을 판매하던 그 시절에는 주로 가정방문으로 판매하였다면 그다음 골드 파트너 밀폐 용기를 판매할 때는 기프트 판촉물과 주방용품점을 상대로 판매하였다.
성인용품과 건강식품 판매는 신문, 잡지, 내가 집필한 책 속에 광고하는 홈쇼핑방식으로 판매가 이루어진다.
홈쇼핑이란 가정이나 직장에 앉아서 광고를 보고 주문하는 것으로 카드나 현금을 입금하면 택배로 물건을 받는 방식이다.

나는 일본에서 성인용품에 대한 견문을 넓힌 방법으로 남성 발기 의료기인 혈류 확장기를 처음으로 광고를 하게 되었다. 남자는 50대가 되면 발기불능으로 말 못 할 고민을 하게 된다는 점을 착안하여 과감하게 시도하였다.
현대사회는 더욱더 술, 담배, 오염, 스트레스, 약물, 노화로 인해 더욱 **빨리** 성 기능이 약해지므로 분명히 효과가 있을 것으로 생각하였다.

신문광고를 낸 효과는 바로 나타났으며 새로운 희망이 생겼다며 전화를 붙들고 구세주를 만난 듯 고민을 상담하는 사람들이 많아졌다.
"신문광고에 '쇠말뚝'이라는 게 어떤 겁니까? 그리고 큰 놈, 대물, 라지롱은 뭐고? 정말 성 기능이 해결된다는 게 정말입니까?" 하는 전화가 하루 500통 이상씩 걸려왔다.
식약청에서 허가받은 진공 확장기로 남성의 성기를 진공으로 빨아들여 발기시키는 방법으로 오래 유지해준다. 반영구적인 제품이라 오래 사용할 수 있으며 부작용이 없고 휴대할 수도 있으며 무엇보다도 간편하다.
아령을 하면 팔뚝에 근육이 생겨 굵어지듯이 성기가 작은 사람은 지속적으로 진공 운동을 하면 커지는 효과도 있다.
가격도 저렴하여 소비자들이 만족하며 70~80대도 사용이 가능하니 남자들에게는 희소식이다.

우리 홈쇼핑 20여 명의 콜 상담 여직원들이 설명해주면 거의 주문을 한다.
남자가 전화를 받으면 무슨 심리인지 전화를 뚝 끊는 반면 여직원이 전화를 받아야 오히려 자연스럽게 고민을 털어놓으며 신뢰를 한다.
이렇게까지 붐이 일 정도로 남자들이 정력문제에 민감

할 줄 몰랐다.
남자는 정력에 좋다면 뱀이나 굼벵이도 먹을 정도라는 건 알지만 늙으면 효과가 없고 특히 동맥경화나 당뇨병이 있는 사람들은 거의 성 기능을 제대로 발휘하지 못한다.

좋은 상품이라고 기뻐서 주위에 소개하는 사람이 있는 반면 아무리 좋은 제품이라도 사용할 줄 모르면서 설명서조차 읽지 않는 사람도 있다.
백날 설명해 줘도 제품 탓만 하고 자신을 돌아보지 않는 사람일수록 나아지지 않으며 성장하지 못하는 이치다.
TM (텔레마케터 / Tele Marketer)은 인바운드와 아웃바운드로 나뉘는데 인바운드는 걸려오는 전화를 받아 판매하는 방식이며 아웃바운드는 직접 고객에게 전화하여 판매하는 방식이다.
그러므로 아웃바운드는 좀 더 기술을 요 하는 방식이라 수당이 더 붙는다.

나는 일본이 벚꽃으로 만개한 어느 봄날 무역진흥공사 주최로 하는 신상품 전시회가 있어 도쿄에 가게 되었다.
물건을 출품하고 4박 5일 일정으로 여러 가지를 보고

느낀 점이 받아 이일을 계기로 일본에서 사업을 하게 되었다. 일본 현지 법인 설립은 두 가지 사업 아이템을 선정하여야 해서 하나는 ㈜생보석 출판사 또 하나는 주방용품을 신문이나 잡지, 책에 광고하여 판매할 목적이었다. 일본 수준에 맞게 24K 골드 합금으로 반상기와 커피 세트 백일이나 돐기념 그릇을 아이템으로 선정하였다.

하청 공장에 OEM을 주어 나의 독점브랜드로 하려고 생산공장을 할만한 곳을 찾아보니 부산에 적합한 공장이 있었다.
사우디 왕실 거실이나 욕실 등에 쓰는 금도금 타일을 가공하는 공장이었다.
24K로 왕실 벽을 장식해 놓은 것을 상상하니 우아하고 고급스러울 것이라는 생각에 인터넷에서 찾은 연락처로 전화를 걸었다.
여자 경리가 전화를 받아 대표님을 찾으니 어디신데예? 하며 친절하게 사투리 쓰는 목소리와 태도가 왠지 맘에 들었다.
사장은 걸쭉한 목소리의 남자가 전화를 받더니
"내가 신 회장인데 무슨 일로 찾으십니까?"
"아 네 회장님을 만나 뵙고 제품의뢰 좀 하려고 합니다."

"그러세요? 그러시면 나는 공장에 늘 있으니 시간 약속을 하고 오이소. 위치는 아시지요?"
"네 인터넷에 있는 주소로 찾아뵙겠습니다. 우선 제가 구상해 놓은 제품을 메일로 보내 드릴 테니 검토 부탁 드립니다."
"네 그렇게 하이소"
시원시원하니 경상도 특유의 성격과 태양인 기질이 엿보였다.
태양인은 항상 나아가려고 하고 물러서지 않는 경향이 있으며 이로 인해 항상 수컷이 되고자 한다. 새로운 사람과 낯가림이 없으며 사교적이고 소통을 잘하는 장점이 있고 과단성이 있어 사회적 관계에 유능하다. 전체 인구의 5% 미만으로 아주 희귀하며 두상이 크고 목이 굵은 편으로 얼굴윤곽이 뚜렷하다. 눈은 작은데 광채가 있고 눈빛에 생기가 있다. 이런 태양인은 사업가나 리더기질이 있어 통솔력이 뛰어난 군에서는 장군감이다.

다음 날 메일이 왔다.
제작 기간은 약 45일이며 금액은 5억 원으로 계약금 2억과 잔금 3억 원은 완제품 확인 후 결제하는 조건이었다.
브랜드는 내가 정해주는 것으로 독점하고, 일본 도쿄와 신주쿠까지 보내주기로 하는 조건을 보고 흡족하였다.

제품 계약서를 쓰기 위해 김해공항에 도착하니 벤츠 3000에 기사까지 보내주었다.
공장에 도착하니 12시가 넘었다. 신 회장은 나를 보며 환하게 웃는데 마치 김일성을 보는 듯 덩치와 모습이 흡사했다.

"시장할 테니 우선 점심부터 하입시다. 점심은 이 근처에서 하시고 저녁은 해운대에 가서 하입시다."
공장 옆 복집으로 들어가니 이미 주문을 해놓았는지 상이 차려있었다.
자연산 복이 사시미로 나왔는데 처음 먹어보았다.
백지장보다도 더 얇았으며 싱싱해서 그런지 껌 씹는 것처럼 쫀득거리는 것이 입에 착 붙었다.
"뭐 이렇게 거한 점심을 주십니까?" 하고 고마움을 표하니
"복 사시미 한 사라에 30만 원 하는데 한 번 자셔 보이소. 드실만 할 겁니다."
"신 회장님은 올해 연세가 어떠시길래 풍채가 당당하십니다."
맥주잔을 들다 말고
"하하하 올해 육십 둘인데 아직은 나이길 장사 없습니다."
팔뚝 소매를 걷어 올리면서 팔을 힘주어 구부리니 밥공

기만 한 알통이 불끈 솟았는데 천하장사 이만기 저리가라였다.
나이는 나보다 12살 많은 띠동갑이었다.
"회장님은 언제부터 이런 특별한 사업을 하셨습니까?"
"대한민국에는 금 타일 공장이 나뿐입니다. 도자기에 금도금을 입혀 장식하는 것을 왕실이나 억만장자 거부들이나 하니까 그들이 돈을 물 쓰듯이 쓰는 것을 보고 시작했습니다. 가격은 부르는 대로고 그 대신 품질이 아주 좋아야 합니다. 불량이 조금이라도 나면 바로 태국이나 중국으로 옮기지요. 그래서 품질을 최우선으로 합니다."

"약정서는 작성 하에 체결하시지요."
"그러잖아도 약정서는 작성해 놨습니다. 식사하시고 서명 하이소. 공장 가서 제품도 둘러 보시고 일본 제품은 작아야 하니 용량과 디자인도 정해 주이소. 금형을 맡겨서 나오면 견본을 해놓을 테니 한 번 더 내려오셔야 합니다."
"네 알겠습니다."
점심을 먹고 계약서를 작성하고 공장을 둘러보니 오후 5시가 다 되어갔다.
경리인 박양에게 계좌를 받아 그 자리에서 2억 원을 송금하니 신 회장이 놀라며 칭찬을 한다.

10. 또 한 번의 기회

 나에게 네 번째 기회가 왔다.
준비된 자에게는 기회가 온다는 명언을 남긴 김대중 대통령의 말처럼 나에게 세 번의 기회 이외에 또 한 번의 기회가 온 것은 꾸준히 독서한 덕분이었다.
나의 첫 작품 <폰 메일 연가>, <핫나경> 1, 2, 3권이 1년에 30만 부 이상이 팔리면서 베스트셀러가 되었다.
지금은 절판되어 재고가 없는데도 독자들에게 주문이 와 그 다음 <서울 카사노바>를 출간하였고 아침마다 독자들에게 띄운 명언들을 모아 <아침 칼럼 명언>을 시리즈로 17권까지 내었다. 그러면서 틈틈이 쓴 인생시리즈 10권과 <두배로 산 인생> 3권, 건강 서적인 <백세 시대> 등 지금까지 100여 권을 발간하였다.
이외도 <인생 승리>, <남은 여생>, <지혜 철학> 있으며 요즘 집필 중인 지혜의 숲 시리즈로는 <거목의 길>, <큰 인물들>, <본 저자의 반세기 - 자서전>에 이어서 구사일생 탈북녀를 계속 써 내려가고 있다.

이렇게 240쪽 이상 되는 장편만 100여 권이며 60쪽짜리 소책자는 10여 권이다.
나의 꿈은 연기자나 예술인이 되는 것이었는데 사업을 하다가 뒤늦게나마 소설을 쓰면서 문학박사 학위와 예술인으로 인정을 받았다. 예술대학 졸업 후 여고 국어 선생님을 하던 오정광이라는 친구는 늘 나보고 사업가보다는 학자가 어울린다고 말하기도 하였다.

내가 후회하는 것 또한 잘한 것을 몇 가지 언급하자면 초등학교 이전 친척 매형인 김항구 목사님에게 이끌려 철길을 오고 가며 오목리 교회에 다녔다. '양들아 양들아 순한 양들아'라는 찬송가를 부르며 코흘리개 때부터 교회에 다닌 것이다.

우리 처가는 앞에서도 언급했지만
장대 같은 처남이 위로 세 명 아래로 세 명, 모두 여섯 명인데 83세 된 노모를 누구도 모시고자 하는 자식이 없었다.
이 아들 저 아들 집을 찾아다녔지만, 매번 며느리 눈치를 보시다 다시 나오시곤 하셨다. 속상해하던 아내에게 이런 이야기를 들은 나는 당장 우리 집으로 모셔오라고 하였다. 그러나 아들이 여섯이나 있는데 딸네 집에 온다는 게 사위 보기에 민망하다고 안 오시려는 걸 오시게 하여 10년을 함께 살다가 93세에 돌아가셨다. 10년 동안 건강하게 계시다가 어느 날 감기 기운이 있다고 누우시더니 3일 만에 조용히 숨을 거두셨다.
우리 자식들과 며느리도 아버지가 너무 잘하신 일 중에 하나라고 자랑스러워한다. 그러나 처남들은 아마도 처남댁들에게 주장하지 못해서 못 모셨을 수도 있기에 언제 모셨냐고 부정하고 모르쇠로 일관해도 상관없다. 내가 좋아서 한 일이고 그렇게 장모님을 10년을 모신 것을 후회하지 않는다.

여러 번 사업하면서 나보다 나이 많은 직원에게 일자리를 주었을 뿐만 아니라 김정남에게는 전셋집을 얻어주고 임태호에게는 월세방 보증금을 해주었으며 김건태에게는 딸의 등록금을 여러 번 도와주었다. 김옥배에게는 금형 일거리를 많이 주어 자녀들 모두 등록금 걱정 없이 대학을 다녔으며 졸업 후 지하철 공사와 초등학교 선생님이 되어 효도하고 있다. 그래서 김옥배는 늘 나를 보면 고맙다고 인사를 하였다. 얼마 전 휴대폰 번호가 바뀌어 알아보니 70세에 운명을 달리했다는 소식을 들었다. 김건태는 목욕탕에서 넘어져 뇌진탕으로 김옥배는 폐암으로 김정남은 뇌출혈로 모두 일찍 저세상으로 가고 없어 안타까운 마음이다.

일본에서 자본금 5억 원으로 홈쇼핑과 출판사를 5년 운영하면서 일본 문화를 체험한 것은 나에게 많은 자산이 되었다.
그래서 성인용품을 국내에서 처음 시작할 수 있었다.
그때 일본은 우리보다 20년은 선진화되어있었고 북한은 우리보다 20년 뒤처졌다고 할 때이다.
사람은 많은 것을 보고 배우면 견문이 넓어져 창의력과 응용력이 생겨 참신한 아이디어를 얻을 수 있다. 그래서 국내에서 처음으로 생산한 성인용품으로 인해 국내 1호 창시자라는 칭호를 얻기도 했다.

나는 시간을 헛되게 낭비하지 않는다.
오락이나 취미로 바둑이나 골프보다는 독서로 시간을 보낸다.
책은 반드시 해결할 방법과 길을 안내해 주어 나의 멘토인 셈이다.
내가 책을 발간하고 기증도 하고 보급하여 예술인 자격을 얻었다. 국립 중앙 도서관에 내가 저술하여 납본된 책이 보존되어 있으니 인생은 짧고 예술은 길다라는 말을 실감하며 죽어서도 이름을 남기게 되었다.
책을 집필하기 위해서는 많이 읽고 많이 쓰고 많이 생각해야 하며 문장을 다듬고 또 다듬어야 매끄러워져 군더더기 없이 깔끔해야 좋다.

지금은 인터넷으로 책을 보는 사람이 많아 종이로 인쇄된 책은 많이 팔리지 않는 편이지만 그래도 아직은 책을 찾는 사람이 꾸준해서 교보문고와 전국 서점에서 주문이 오면 보내준다. 또 자수정 홈쇼핑 구매고객에게는 사은품으로 드리기도 한다.
나는 초등학교 때부터 동아일보 신문을 읽기 시작하여 지금까지 6종의 신문을 구독해 보고 있다. 세상 돌아가는 일과 다방면의 지식은 모두 책과 신문을 통해서 배웠고 나의 자부심이 되었다.

나의 부모님을 닮아 그런 것 같다.
늘 친어머니가 그리웠는데 친어머니는 양어머니와는 정반대인 분이셨다. 남의 험담을 하거나 남과 싸우는 것을 한 번도 본 적이 없다.
늘 나를 보시면 양자 보낸 것을 후회하셨고 안쓰럽다고 안아주셨다. 그러면서 양어머니 흉을 못 본채하고 귀담아듣지 말라고 타이르셨다.

가장 잊히지 않는 일은 아주 어린 시절 4~5살 정도였을 때이다. 무더운 여름철 배탈 설사로 떼굴떼굴 구르면서 울면 익모초 생즙을 내어 주셨는데 엄청나게 쓴맛이었지만 마시고 나면 얼마 지나지 않아 거짓말처럼 배탈이 싹 나았다. 그리고 어머니가 빨래하러 논 가운데

연못으로 가실 때 내가 어머니 바느질할 때 쓰던 긴 자를 지팡이로 삼아 따라갔었다.
어머니가 **빨래판** **빨래**를 얹어 놓고 **빨래**를 방망이로 두드리셨고 나는 옆에서 자로 연못가를 쿡쿡 찌르며 놀고 있는데 푹하고 깊게 찔리더니 거꾸로 물속에 **빠지게** 되었다.
그걸 보신 어머니가 놀라 연못에 뛰어들어 나를 건져내셨고 나는 물을 들이켜서 엉엉 울고 있었다. 어머니가 내 등을 두드려 주시면서 물을 **빼내고**는 빨래를 하다말고 나를 업고 집으로 가셨다. 어머니는 놀란 나를 진정시키고 옷을 갈아입혀서 재워주셨다. 연못이 그나마 얕은 편이라 다행이었지 하마터면 죽을 **뻔**하였다.

모성본능인지 어머니는 헤엄도 못 치시는데 무작정 연못으로 뛰어들어 나를 건져 올리신 생각을 하면 마음이 아리며 지금까지도 생생하게 그때 일이 떠오른다. 내가 생각해도 어린 시절 나는 별나게 개구쟁이였다. 잠시도 가만있질 않았고 곤두벌레 마냥 설레발을 쳤다. 그리고 누님들을 놀리며 괴롭히기도 했다. 어머니를 생각하면 속 꽤나 썩여드린 기억밖에 나질 않아 늘 죄송스럽다.
또한 언제나 하얀 치마저고리를 입으시고 집 뒤 장독대 위 하얀 사발에 깨끗한 정화수를 떠놓으시고 남편과 자식을 위해 두 손 모아 정성을 다해 기도하셔서 지금까지 건강하고 살아왔다. 하지만 후회되는 것은 부모님의 정성에 비해 해드린게 없어 늘 후회스럽다.

그런가 하면 무서운 여자도 많았다.
건강식품으로 인해 법정 다툼이 겨우 끝나고 직원으로 있던 안 실장과 김선희 두 여자가 내부고발자가 되어 또 한 번의 큰 수난을 겪게 되었다.
내가 사업을 하면서 다른 건 다 견딜 수 있었지만, 사람으로 인한 상처와 사람 때문에 시달린 것을 생각하면 일찍이 사업가가 아니라 예술인이 될 걸 하고 후회하게 한다.
내 인생에서 지워지지 않는 악연의 흔적들이 다시 시작되었다.
김선희는 여의도 순복음교회 전도사의 아내인데 해서는 안 될 것만 골라서 하고 다니며 명품으로 치장하며 다니는 악녀였다.
얼마나 독한지 회식 날 만취가 되어 대한항공 스튜어디스 출신인 김 실장을 평소에 질투하던 터라 시비가 붙어 싸움이 벌어졌다.

화가 난 김선희는 맥주잔을 입에 대더니 어금니로 우두둑 깨어 무는 것이었다.
바로 앞에서 보고 있던 나는 섬뜩하여 어찌할 바를 몰

랐다. 유리컵을 씹는다는 표현은 들어봤어도 직접 보기는 처음이었다.
깨물어서 조각난 유리를 김 실장의 얼굴에 확 뱉으려는 찰나에 내가 막아서서 그나마 위기를 모면할 수 있었다.
그뿐만 아니라 알고 보니 판매 매출이 큰 회사들만 골라 다니면서 내부고발을 하여 탈세한 세금의 20~30%씩을 신고한 보상으로 받으면서 사는 사람이었다.
평소에도 직원들이 귀띔해주길 평소 일은 안 하고 책상 컴퓨터로 버젓이 목사님 설교 동영상만 보고 있던 터였고 한마디로 여자 깡패나 다름없어서 그 날 이후 예의 주시하며 퇴사 처리할 생각을 하고 있었다. 사람을 쓰기는 쉬워도 내보내는 게 정말 어려웠다.

얼마 후 그동안 모아온 증거들로 퇴사해줄 것을 말했더니 퇴사 즉시 세무서 조사과로 달려가서 우리 회사를 신고하였다.
세무서에서는 내사하여 압수 수색을 하였는데 만약 탈세한 것이 드러나면 세금을 부과해야 하는 상황이었다. 금액이 5억 원이 넘으면 형사 처벌로 구속 수사가 되고 납부하면 구속은 면하되 벌금형이 된다.
나는 황당하여 춘천 직영점에 책임자로 내려보냈던 김영국 후배를 찾으니 고향인 온양에서 남상묵이라는 선

배가 하는 회계사무소에서 일한다는 말을 듣고 찾아갔다. 하지만 김영국은 없었고 선배에게 자초지종을 설명하였다. 김영국이 조세법 탈세를 해결해주겠다고 3,000만 원을 가져간 뒤 2,000만 원을 더 가져가더니 없어졌다고 말하니 그 사람이 또 그런 짓을 했다면서 포기하는 것이 좋겠다고 하였다. 대장암으로 사경을 헤매고 있다는 전언이셨다.

여자가 한을 품으면 오뉴월에도 서리가 내린다더니 김선희가 해코지하고 안 실장이 보복한 것은 시기와 질투 때문이며 김영국 등 많은 직원에게 배신당한 것은 내가 사람을 너무 믿었기 때문이다.
사업을 하려면 사람이 재산이자 사람이 무기이다.
이런 뜻을 깨닫지 못하면 사업하는데 많은 난관에 부딪히게 된다.
이 일은 결국 내 힘으로 7억 원의 세금을 납부하고 벌금으로 마무리하였다.

12년째 내 핸드폰 3대에는 3만 명이 넘는 지인과 독자들이 저장되어있어 무척 소중한 보물이다. 책을 쓸 때도 자료를 찾으려면 인터넷 검색을 해야 하므로 늘 끼고 다녀 화장실이나 샤워할 때도 언제나 함께 있어야 하는 존재이다. 그러므로 단 한 번도 전화를 못받은 적이 없다.
입력된 사람 중에 아침 칼럼을 보지 않는 사람은 늘 체크하여 다음에는 보내지 않도록 하고, 늘 읽는 사람은 12년째 꾸준히 나와 함께 해주는 분들이라 항상 고마운 마음이다. 특히 지인이나 독자 중에는 전 박사의 아침 칼럼이 기다려진다는 분도 있지만 그렇지 않은 사람도 가끔 있다. 누구나 다 같은 마음일 수는 없다는 걸 알기에 그러려니 한다.

나는 고향인 온양온천에 갈 때면 옛날 생각이 주마등처럼 떠오른다.
그중에서도 아산에 거물급 정치인으로 4선을 한 황명수 전 민주당 국회의원이 생각났다.
그분은 나보다 거의 아버지뻘 되는 온양초등학교 선배님이며 내가 검정고시 공부에 열중할 때 동국대학교 정외과를 졸업하고 아산중학교 교사를 거쳐 공군 중위로 예편하고 공군 교관을 지내다가 낙향하여 풍류를 즐기고 계셨다.
그분은 실옥리에서 시내에 나오시면 동양사진관에 출근 도장을 찍다시피 하셨다. 동양사진관은 큰 농장을 하시는 우리 집안 아저씨가 온양에 사진관 사업을 벌여 놓으셔서 어린 나보고 나가서 지키고 사진값을 받으면 모아놓고 있으라고 하셨다.

황명수씨는 사진 기사분인 김영호씨와 친구셨고 친구를 만나러 오셔서는 일하고 있는 나를 늘 부르셨다.

공부하거나 책을 읽으면서 사진관을 지키고 있는 나에게 그분은 "전 군 이리와. 나하고 장기 한판 두지" 하셨다.
장기실력은 나이와 상관이 없어서 내가 한판이기면 그분이 한판 이기고 막상막하이니 더욱 재미가 있어서 장기 두는 재미로 자주 오셨다.
3~5판을 두시면 커피 한 잔을 드시고 나가셨다.
그 후 정계에 입문하셔서 9, 11, 13, 14대 국회의원을 하셨다.
민주당 강경파로 신문과 TV에 나올 때면 그때 생각이 났었는데 2001년 최 만식 씨로부터 4억 원의 뇌물을 받은 혐의로 경부 고속철도 로비 사건에 연루되어 구속되었다. 2002년에 집행유예 4년 추징금 4억 원을 고스란히 토해내고 75세에 정계를 떠나셨다.
그분을 찾아뵈려고 했지만 우환 중이라 만날 수 없다고 하였다.
2020년 결국 사망하셨다는 소식을 들었는데 이 자리를 빌어 고인의 명복을 빕니다.

죽고 싶다고 입에 달고 사는 사람치고 총명한 사람은

없다.
정신이 육체를 지배하는 것이므로 나는 건강하게 늙고 아무 탈 없이 눈을 감을 것이다. 라고 긍정적인 자기암시를 하는 사람만이 복을 받는다.
행복은 사람의 가치관과 기준에 따라 다르지만, 그래도 기본적인 행복은 하루를 얼마만큼 가치 있게 살았느냐에 달려있다.
그저 하루를 되는대로 무의미하게 살면서 편안하게 산다고 말하는 사람들이 있는데 그건 착각이다.

나의 지혜는 책을 통해서 쌓았고, 인성은 생부모님과 어린 시절 원주 1군단장이셨던 백 장군을 보고 배웠다. 그분은 어린 나에게 많은 것을 느끼게 해주셨는데 부모님께 하는 모습을 보고 나도 모르게 내 뇌리에 각인된 것이다.
그분은 한마디로 효자이셨다.
한 달에 한 번씩 군인 지프 차 빨강 판에 반짝이는 별 셋을 빛나게 달고 육군 중장 의복에 금테 모자를 쓰고는 노부모님을 꼭 찾아뵈었다. 1군단장이신 백 장군의 부모님은 6.25사변 때 서울에서 온양온천으로 피난 오셔서 우리 옆집에 사시게 되었다.
그분들은 노후에도 늘 책을 보셨고 때로는 우리 양아버지가 교육구청에 출근하시지 않는 공휴일에는 두 분이 바둑을 두시기도 하며 자별하게 지내셨다.
그날이면 백 장군이 늠름한 모습으로 나타나서 정중하게 인사를 하였다.
바둑 친구인 우리 아버지께서는 아는 사람 없이 타향에서 외롭게 사시는 부모님께 친구가 되어주셔서 감사하다고 늘 말하였고, 나에게 항상 다섯 가지 색깔과 맛이 나는 미국산 드로프스 알사탕을 항상 챙겨다 주셨다.
그 사탕 맛은 지금도 찾아보기 힘들 정도로 형언할 수 없는 맛이었는데 달기도 달았지만 다섯 가지 맛과 향을 잊을 수가 없다.

50년 전의 일이지만 지금도 육군 장군의 복장과 운전병이 문을 열어주던 차는 내 기억 속에서 사라지지 않는다. 또한 그 드로프스만 생각하면 지금도 그때 그 맛이 기억나 침이 꼴깍 삼켜질 정도이다. 그래서 한때는 그분처럼 멋진 장군이 되고 싶어 한동안 마음속에 간직하기도 하였다.

예부터 사람을 판단하는 기준인 신언서판(身言書判)이 있다. 신(身) 잘생겨서 외모가 흉하지 않고, 언(言) 말을 조리있게 잘하며 아는 것이 많아 거침없고, 서(書) 책을 많이 읽어 글을 잘 쓰고, 판(判) 판단을 잘하여 하는 일에 그릇됨이 없다는 말이다.

삼성장군이신 백장군이 신언서판에 가장 합당하는 인물이셨다.

광화문광장 성웅 이순신 동상

전 박사 집필 목록

1	폰메일 연가	36	명언시리즈 7	71	화려한 인생 1
2	핫나경1	37	명언시리즈 8	72	멋진 인생 2
3	핫나경2	38	명언시리즈 9	73	즐거운 인생 3
4	핫나경3	39	명언시리즈 10	74	행복한 인생 4
5	日本라지롱 구	40	아침칼럼 11	75	곱게익어가는 인생 5
6	日本 핫 - 1	41	아침칼럼 12	76	한 번뿐인 인생 6
7	日本 핫 - 2	42	아침칼럼 13	77	황금빛 인생 7
8	日本 핫 - 3	43	아침칼럼 14	78	황홀한 인생 8
9	하하 소책자	44	아침칼럼 15	79	만족한 인생 9
10	레이저 혁명	45	아침칼럼 16	80	일곱빛깔
11	오 마이 갓 1	46	아침칼럼 17	81	비져케어 소책자
12	오 마이 갓 2	47	용불용설(用不用說)	82	용트림 소책자
13	오 마이 갓 3	48	보보 1	83	야생마 소책자
14	화화유 1	49	보보 2	84	나의 건강 나의 행복
15	화화유 2	50	보보 3	85	두 배로 산 인생 1
16	화화유 3	51	불륜천국 1	86	두 배로 산 인생 2
17	독신녀	52	불륜천국 2	87	두 배로 산 인생 3
18	황금 꽃	53	불륜천국 3	88	매력
19	쥬얼리 여인 1	54	여자의 색 1	89	멋
20	쥬얼리 여인 2	55	여자의 색 2	90	실버대학 소책자
21	쥬얼리 여인 3	56	본질 1	91	올드보이 소책자
22	킹카 퀸카	57	본질 2	92	남자의 향기 소책자
23	나의 나침판	58	본질 3	93	100세 시대가 온다
24	나의 멘토	59	유혹 1	94	인생 승리
25	나의 황금물결	60	유혹 2	95	남은 여생
26	나의 향기	61	유혹 3	96	지혜 철학
27	님의 그리움 1	62	살아온대로살아간다.	97	불로장생 소책자
28	님의 그리움 2	63	백세시대	98	곱게 익어가는 시대
29	님의 그리움 3	64	서울 카사노바 1	99	거목의 길 1
30	명언시리즈 1	65	서울 카사노바 2	100	큰 인물들
31	명언시리즈 2	66	서울 카사노바 3	101	천태만상3 자서전 上
32	명언시리즈 3	67	서울 카사노바 4	102	파란만장 자서전 下
33	명언시리즈 4	68	명품인생 1	103	구사일생 - 탈북녀
34	명언시리즈 5	69	명품인생 2	104	영등포의 밤
35	명언시리즈 6	70	명품인생 3	105	고향의 봄
106	인생길 자서전	107	애터미 시대	108	회춘비결

11. 고향의 봄

 한겨울 뜨거운 온천 목욕은 무거운 피로감마저 가볍게 한다. 온천욕은 뜨거운 공기와 물에 의해 열과 땀이 나면서 혈액순환을 촉진 시키고 노폐물을 배출한다. 온천욕을 하면 땀을 많이 흘리게 되는 만큼 수분공급에 각별히 신경써야 한다.

온천욕은 38~40℃의 온도가 알맞으며 치료목적은 하루에 1~2회 20~30분 이내가 좋으며 그렇지 않으면 일주일에 한두 번 정도가 좋다. 목욕 시에 공복이나 음주 식후 즉시는 좋지 않다. 뜨거운 물에 오래 있는 것은 심장에 무리가 될 수 있으므로 고혈압, 심장병, 당뇨, 수술환자, 임산부는 특히 주위를 기울려야 하고 목욕 중에 돌연사하거나 응급실에 실려 가는 경우도 종종있다. 온천은 천연온천, 알칼리성 온천, 유황 온천, 게르마늄 온천 등 온천마다 종류가 다양하다.

온천은 피부병, 냉증, 풍증이 있는 사람에게는 아주 효과가 좋다.

본 필자의 고향인 온양온천은 알칼리성 온천으로 노화방지, 면역력과 아토피, 피부염에 좋고 박정희 대통령의 별장이 있는 도고온천은 유황 온천으로 계란냄새가 나며 수질이 좋으며 습진, 피부염에 효과가 있다.

혼잡하게 많이 모이는 온천은 잡균의 번식이 있을 수 있으므로 요양목적보다는 잠시 휴식하는 것이 바람직하다.

대중탕요금은 65세 이상 6,000원 / 대인 8,000원 / 초등학생미만 4,500원 / 모텔료는 50,000원 / 호텔은 조식포함 2인실이 14만 원이다.

온양온천 주변에는 아산온천에 있는 노천온천과 가볼만한 관광지가 여러곳이 있다. 유명인으로는 윤보선 대통령의 사가, 충무공 이순신 장군의 현충사, 외암리 민속마을, 신창 맹씨 1세로 고려때 맹사성과 조선 세종때 맹재상, 맹사성과는 다른 인물이며 일인지상 만인지하인(一人之上 萬人之下) 정승으로 지극히 청렴하였기로 유명하다. 인품은 고결하였고 늘 검소하였다.

맹재상의 한 일화로

고향인 온양에서 한양을 갈 때면 두 번을 객주집에서 묵고가야 했다. 용인에서 묵게 되면 현감을 찾아가 노독을 풀 수 있겠지만 민폐를 끼치고 싶지않아 객주집을 찾았으나 과거 철이라 빈방이 없었다.
이때 객주집 주인이 특실방에서 혼자 자리를 잡고 있는 젊은 선비에게 양해를 구하여 합숙을 하게 되었다. 맹정승이 방안에 들어서자 행색이 남루한 것을 보고 시선을 피하고 벌렁 드러누웠다. 초라한 늙은이가 은근히 비위에 거슬렸다. 젊은 선비는 과거를 보러 간다고 으스대는데도 늙은 정승은 기가 죽지 않고 꿈쩍도 하지 않으니 괘씸하여 "나 먼저 자리다." 하며 먼저 곯아떨어졌다.

이튿날 아침에 두 사람은 한 상에 아침을 먹고 각자 헤어져서 한양을 향해 떠났다.
젊은 선비는 조정에 어느 참판의 추천장을 받아 영상댁을 찾아왔다. 맹정승이 가만히 보니 용인의 객주집에서 만난 버릇없던 그 선비였다. 공손하게 머리숙여 문안을 하는 그 젊은이에게 "나를 알아보겠는가?" 하고 묻자 고개를 들어 쳐다보더니 사색이 되어 "죽여 주십시오." 하며 엎드려 빌었다.
이 광경을 지켜보던 사람들은 영문을 몰라 어리둥절하였다.

맹정승은 웃으면서 용인에서의 일을 이야기해주었다. 주위 사람들은 웃고 선비는 몸둘바를 몰라 했다. 그러나 맹정승은 그를 채용해 주었고 젊은이는 가장 충직한 일꾼이 되었다. 맹정승이 묵었던 객주집은 지금의 신갈이었다.

맹사성은 관직을 그만두고 고향인 (구)온양에 내려와 있을 때였다. 망건을 쓰고 낚시를 하는 중인데 양반 한 명이 걸어오고 있었다. 물이 깊어 버선을 벗고 바지를 걷어 건너가기가 싫어서 낚시를 하던 맹사성에게 자신을 업고 건너가 달라고 하였다. 맹사성은 두 말없이 옷을 걷고 그를 업어서 물을 건너는데 업힌 양반이 맹사성의 넓은 삿갓이 불편하다고 툭 쳐버리자 금관자가 나타났다. 그제서야 그가 정승임을 깨닫고 용서를 빌었으나 맹사성은 물을 건널 때까지 내려놓지 않았다. 양반은 그 자리를 떠나지 않고 계속해서 빌었으나 맹사성은 다시 자리로 돌아와서 낚시만 하고 있었다. 그리고 해가 질쯤이 되어서 양반다리 따로 있고 상놈 다리 따로 있느냐며 호통을 치고 돌려보냈다.
맹사성은 효성이 지극하고 시와 문장이 뛰어났으며 음악을 좋아하는 마음이 어질고 너그러운 사람이었다. 세종대왕의 뛰어난 재상이었지만 청렴하여 집에 비가 새도록 가난하였다.

대한민국 국민이라면 제일 많이 아는 조선 선조 때 성웅 이순신 장군은 충무공으로 칭송된 인물이다.
1545년 4월 28일이 탄신 일이며 올해로 479년이 되는 해다. 충무공 탄신기념행사는 국방부가 주관하지만 주요행사는 해군을 주축으로 이루어지는데 해군은 당일 기항중인 함정마다 만항식을 거행해 충무공 탄신일을 경축하며 부대별로 충무공 유적지 참배 부대 개방행사 초빙강연 마라톤이나 행군 등을 실시한다. 아산 현충사 참배를 통해 충무공의 우국충절을 기린다.

윤보선 대통령도 아산 출신으로 어릴 때부터 민족적이며 근대화된 분위기 속에서 성장하였다.
아버지는 교회 장로였고 당숙인 윤치호는 기독교의 거목으로 윤보선도 기독교의 영향을 많이 받고 자랐다. 그리하여 자연스럽게 미국의 선교사들과의 교류가 있어 훗날 그의 기독교적 구국론은 그러한 가풍에서 비롯되었다.

아산 둔포면 신항리에서 태어난 윤보선은 한동안 부친이 살던 서울 교동 집과 둔포에 고향 집을 오가며 할아버지로부터는 한학과 유학을 배웠다. 그러다가 서울 진고개(충무로)에 있는 일본인 전문학교인 소학교를 졸업하였다. 1910년부터 YMCA에 출입하였는데 그곳에서 일하던 이승만과 처음 만나 교분을 맺었다.
일본을 유학 후 돌아와서는 민영환의 6촌 딸과 결혼하였고 독립운동을 하기 위해서 중국상해 교민단장으로 활동하다가 여운영선생을 만나 임신한 아내와 딸을 두고 중국상해로 다시 떠났다. 상해에서 신규식 선생을 만나 다시 영국으로 건너간 윤보선에게 신규식이 해위라는 호를 지워주기도 했다. 해위는 바다를 건너갈 때처럼 약해 보이지만 억센 파도에도 꺾이지 않는 지표를 갖고 살라는 뜻이었다.

신규식은 윤보선의 사상적 스승으로 국내외 독립운동과 영국유학과정에서 많은 영향을 미쳤다. 그 후 대한민국 임시정부 의원이 되어 독립운동 창간지 <진단>의 발간 작업을 돕는 한편 이승만의 지시를 받아 일본에 밀입국하여 독립자금 3천 원을 마련해 오는데 활동하였다. 신규식의 신익회는 윤보선을 미래의 지도자로 육성하고 지속적인 의회정치가 발달한 영국으로 유학을 권유하여 떠났던 것이다. 영국 스코틀랜드에 있는 옥스퍼드 대학에서 공부를 하여 석사학위를 받았다. 귀국 후 얼마 지나지 않아 첫 번째 부인 민씨와 이혼을 하게 되었다. 윤보선은 김성수, 장덕수, 여운형을 중심으로 보수적인 개화파가 되었다.

그때 경영난에 빠진 민중 일보를 인수하여 사장이 되었고 12,000부의 신문을 활용해 이승만을 적극적으로 도왔으며 이승만의 전기를 집필하였다. 이승만 정부가 되자 국회 의장 비서실장에 기용된 후 서울시장을 지냈다. 그때 안국동 자택에서 신여성 공덕귀와 재혼을 하고 상공부 장관과 대한적십자사 총재를 역임하며 기독교 상이군인회 회장을 맡았다.

야당이 된 윤보선은 이승만과 헤어진 후 종로 국회의원으로 민주당 후보가되어 당선되었다. 야당의 신익회 조병욱, 김도연과함께 중심인물이 되었다. 1960년 4월 19일 혁명에 도화선이 된 3.15부정선거 진상조사단장을 맡아 이승만정부를 비판하였다. 4.19혁명으로 이승만정부가 붕괴되자 새롭게 집권세력이 된 민주당내각에서 1960년 8월 12일 실시된 국회에서 259석중 208표를 얻어 제4대 대통령이 되어 장면을 국무총리로 임명하였다.

윤보선대통령은 이승만정권에 경무대로 불리던 곳을 청와대로 개칭하였지만 일년 만에 5.16 군사혁명으로 1962년 3월 22일에 하야를 하여야 되었다. 그 후 박정희와 대통령 선거에서 15만표 차이로 패배하였다. 전두

환 정권을 거쳐 윤보선은 민주주의 발전에 기여하였다는 긍정적 평가를 받았다.
부유한 집에서 9남매에 장남으로 태어나 수많은 인생 경험을 쌓았던 윤보선은 독실한 기독교 신자다운 온순한 인품이었으며 1990년에 작고하셨다.

내 고향 충남 아산은 몇백 년에 한 명씩 거물급 위인들이 탄생하곤 하였다.
아산 영인산에 정감록은 토정비결에 버금가는 앞으로의 예언서였다. 정감록은 조선왕조의 멸망을 이미 예언하였다. 정감록의 저자 홍영복은 74%나 예언이 맞자 어느덧 신앙이 되어버린 정감록비결은 극히 간결하며 3대 예언서 중에 도의 경지에서 미래의 600년 후까지도 적중한 조선시대의 예언서이다. 왜인이 침략하여 당하리라는 임진왜란을 예언하기도 하였다. 명나라의 장수 이여송이 와서 조선을 도와줄 것이라는 것까지도 암시하였으며 병자호란은 병자년에 천태종이 10만 대군을 직접 거느리고 압록강을 건너 쳐들어 왔는데 미리 산으로 가서 엄동설한에 얼어 죽을 것도 예언하였다. 실제 이때 피난 갔던 많은 사람은 추위로 얼어 죽고 집에 있던 사람들은 살았다고 한다.

그리고 충남 아산시 인주면 공세리 성당길10에 있는 순교의 성지 공세리 성당은 천주교 신앙을 위해서 목숨을 바친 32명의 수많은 순교자들을 모시고 있는 중요한 성지다. 천주교를 박해하던 시대 천주교의 요충지로 천주교 신자들이 이곳에서 잡혀 각지로 끌려가서 순교를 당하는데 해상과 육로를 연결하는 중요한 포구였다. 공세리 성당은 1890년에 131년의 유서 깊은 성당으로 관광공사에서 선정한 대한민국을 대표하는 가장 아름다운 성당이다.

공세리 성당을 지나면 아산만이 나온다. 평택과 당진 사이에 있는 아산만은 길이가 40Km이고 너비는 2.2Km로 조석의 차이가 가장 크며 간척지가 넓어 안성평야, 예당평야가 펼쳐진다. 아산만 방조제 삽교천의 하구에는 삽교천 방조제가 각각 건설되었다. 삽교호 아산호가 건설되어 관광휴양지로 이용되고 있다.
신정호는 온양 시내에서 3Km 정도 떨어진 곳으로 드라이브 코스로 경치가 좋은 곳이라 탁 트인 넓은 호숫가에 자리 잡은 맛집으로는 연춘식당, 아산식당, 천안식당 등이 있어 호반에서의 낭만과 함께 식도락을 즐긴 후 영인산 자연휴양림 숲속의 집에서 즐거운 하루를 보내는 것도 추억에 남을 것이다.

청풍명월(淸風明月)이란

맑은 바람과 밝은 달이라는 뜻으로 결백하고 온전한 성격을 평하여 이르는 말이다. 바로 충청도를 두고 하는 말이다. 충청도는 천재지변이 가장 적은 지역으로 다른 곳에 비해 수난을 받지 않으며 살기 좋은 고장이다.
충청도 사람을 보고는 충청도 양반이라고 좋은 평이 나 있다. 성격이 온유하고 느긋하여 화를 내거나 다투는 일이 없다. 주변에 높은 산이 없으므로 기름진 농토가 많아 풍요로워 인심도 좋고 착한 사람들이 많아 송사가 적은 양반의 고장이다. 아산온천의 관광도시로 물 좋고, 공기 좋고, 인심이 좋으며 관광지가 많은 고장이다.

친구들이나 주변 사람들도 전박사가 아는 게 많고 박식하므로 온양온천을 관광도시로 더욱 발전시키려면 국회의원이 되어야 한다며 말한다. 독자 여러분 볼거리가 많고 온천휴양지인 온양온천으로 꼭 여행 와 주시길 바랍니다. 지역경제 발전을 위해서는 관광객을 유치하는 데 힘써 풍요로운 내 고향으로 더욱 발전되었으면 좋겠다.

나의 고향 충남 아산시 신창면 궁화리에 신흥농원은 종합 농장이다.
봄이면 어김없이 봉숭아 꽃이 화사하게 피고 한 여름에는 아카시아꽃 향기에 취하게 되는 과수원에는 양봉과 양계 양돈농장이 있다.

과일 저장고가 있어 사계절 과일을 먹을 수 있고 꿀, 계란, 닭고기가 지천이었던 부농에서 태어난 전박사는 부모님의 덕택으로 부유하게 성장할 수가 있어서 신장도 180Cm이다.

조용한 시골마을 꽃피고 새가 우는 곳. 코끝에는 꽃 향기가 떠나지 않고 귀에는 벌 소리 닭 소리 속에서 감성이 자라나며 문학 소설을 읽으며 문학 소년의 꿈이 이루어지게 되었다.

아마도 그러한 환경 때문에 지금까지 70여 권의 문학 창작 소설을 집필할 수 있었던 것 같다.

군을 제대하자마자 동대문 출판사에 입사하였다. 첫 직장인 그곳에서 관리과에 근무하던 배우자를 만나 결혼하게 되었다.

대구대 경영학과를 나온 아내는 처가의 가족과 함께 동대문으로 주거지를 옮겨와서 살고 있었다. 직장 근처에 하숙집 생활을 하면서 사귀고 있었다. 아내는 오빠 3명에 남동생 3명으로 가운데에 끼어있는 고명딸이었다. 7남매 중에 외동딸이었다. 아내가 제일 먼저 결혼을 하게 되었고 오빠들 순서대로 남동생 모두가 결혼을 하였다. 제일 큰 오빠는 부모님이 대구에서 섬유공장 베로드를 짜시면서 동국대학교를 졸업시켰다. 결혼을 하지 않으려고 하여 40대 중반이 넘어 잠실에 신혼집 아파트를 장만해 주면서 수도사대 메이퀸 출신과 결혼을 시켜 주셨다. 지금은 재개발이 되어 20억이 넘는 아파트이다. 친정 부모님들은 나이가 많으시면서 7남매 뒷바라지로 어려움에 처하시게 되었다. 장남이자 큰아들은 처남댁의 반대로 늙으신 부모님을 모시지 않았다. 장인어른께서는 성인병 뇌혈관 질환으로 돌아가셨고 장모님이 80이 넘어 혼자 계신데도 모시지 않았다. 장인 장모님은 큰 처남의 잠실아파트 집 장만과 여러 아들 결혼식을 다 치르느라 재산이 남아있지가 않았다. 큰 처남의 댁은 군산 출신으로 수도사대를 나와 평택에서 수학 선생님으로 교사생활을 하였다. 머리는 수재급으로 좋아 별명이 잠실 컴퓨터로 불렸으며 교회 집사였다.

머리가 좋은 만큼 성질은 괴팍스럽고 나빴다. 지인을 상대로 대부업을 하지만 남편을 존경하지 않았고 홀로 계신 시어머니를 멀리하였다. 돈놀이 하는 사람들의 근성 그대로 돈밖에 모르는 여인이었다. 그러니 은행에 나타나면 지점장이 나와 VIP실로 대접하며 모신다. 신용에는 철두철미한 여자였으나 인간미는 느낄 수가 없는 사람이었다. 홀로 사시는 장모님은 큰아들 집에 가서 겨우 3일 만에 눈치가 보인다며 가방을 들고 도로 나와서 둘째 아들 집으로 가셔야 했다. 둘째 셋째 집에 가셔도 마찬가지 셨다. 모실 생각도 없이 다니러 오신 사람으로 취급하였기 때문이다. 작은아들 셋의 며느리들도 똑같았다. 큰아들이 엄연히 잘살고 있는데 왜 작은 아들인 자기들이 모셔야 되냐는 논리였다. 심지어 까탈스런 작은 며느리 중 하나는 시어머니가 식사하고 남은 음식을 식당에서 남은 반찬을 싹 버리듯 다 버리는 걸 보고 섭섭하게 느끼셨다고 한다. 작은며느리에게 음식을 아깝게 왜 그리 다 버리느냐고 하면 먹던 음식은 더러워서 버린다는 것이었다. 그것은 시어머니만 따로 차려드리던 그릇이었다.

3년 동안 6형제의 아들 집을 전전해 보았지만 어머니를 모시려는 아들이나 시어머니를 모시려는 며느리는 하나도 없었다. 아내에게 이런 사실을 처음 들은 사위인 전박사는 장모님도 어머니나 마찬가지인 부모라면서 아내에게 당장 모셔오라고 신신당부를 하였다. 장모님은 아들이 여섯이나 있는데 딸 집으로 가야하는게 사위인 전서방에게 보이기 창피스럽다며 미루고 안 오셨으나 가실 곳이 더 이상 없으시니 마지못해 못이기시는 척 하시고 딸 집으로 83세가 되셔서 들어오셨다. 명절 때나 큰 일이 있을 때만 뵈었지만 곱게 늙으셨고 단아하니 고우셨다. 그런 장모님은 사위에게 죄인이라도 되신 것처럼 고개를 못 드시고 여전히 미안스러워하시며 눈을 마주치지 못하시고 주눅이 들어 계셨다.
"그러지 마시고 편안히 지내세요. 다 같은 부모님이고 가족인데 뭘 그리 미안해하세요. 그러시면 제가 더 불편해요. 저는 장모님이 오신 게 너무나 좋아요. 사람 사는 집에는 어른이 계셔야 하고 식구가 많아야 사람 사는 것 같은 거예요" 하면서 작은 방에 TV를 놓아 드렸다. 아침 식사 후에는 노인정에 나가서 100원짜리 고스톱을 치시고 저녁 식사 때에 맞춰서 들어오셨다.
장모님은 머리가 명석하셨다. 기억력이 또렷하여 어린 시절 소꿉장난 시절의 기억도 초롱초롱하게 기억을 하실 정도였다.

나이가 드시니 육개장, 내장탕, 삼계탕을 좋아하셨기 때문에 전박사는 퇴근길에 포장을 해와서 따끈하게 데워 드리면 맛있게 잘 드시곤 하셨다. 그래서인지 한 번도 병원에 가신 적이 없이 건강하셨다. 90세가 다 되셔도 남의 도움 받지도 않으셨고 지팡이도 없이 잘 다니셨다. 그러는 동안 6형제나 되는 처남들과 며느리들은 미안해서 면목이 없으니 한 번도 들여다보지를 않았다. 불효하는 아들이나 며느리를 한 번도 탓하시지 않으셨다. 아들 며느리가 밉고 섭섭하셨어도 속으로만 삭히시고 입으로는 절대 말씀하시지 않는 속 깊은 분이셨다. 아내도 친정어머니가 오랫동안 와계신 게 남편에게 미안하게 생각하며 마음이 무거워 보였다.
사위인 나는 전혀 불편하거나 싫은 적이 단 한 번도 없었다. 당연한 가족으로 의당한 일이라는 생각 때문이었다.
성장 시에 나의 어머니는 오고 가는 나그네에게 밥때가 되면 반드시 식사를 챙겨주었고 저녁이 늦은 이에게는 사랑채에서 재워 보내셨다. 그것이 충청도 양반들의 인심이어서였는지 부모님이 하시는 것을 보고 배워온 가정교육의 영향이 아닌가 싶다.

하루는 장모님께서 90이 되신 생신날에 내가 여기 온지도 올해로 7년이나 되는 듯한데 몇월 달이더라? 하며 혼잣말을 하시기에 책상 서랍에 있는 7년 전 다이어리를 보며 몇 년 몇월 며칠에 오셨네요. 하니 소스라치게 놀라셨다. 그러시면서 딸인 아내를 쳐다보시며 너희 아버지도 꼼꼼하신데 전서방은 꼼꼼하기가 너의 아버지보다 더 하구나 하신다. 늘 메모하는 습관에 일기, 금전출납, 포켓 수첩, 다이어리는 평생을 써온 버릇으로 기억을 다 못할 때는 참고가 되어 지금까지도 좋은 습관은 버릇이 되어있다.

젊어서 인물이 곱고 좋은 사람은 나이가 들어도 역시 고왔다. 그리도 곱고 정신도 또렷하시던 오동동 여사인 장모님은 경북 의성에서 태어나 대구에서 직물공장과 여관을 경영하시다 노후에는 서울로 상경하여 딸네 집에 계신지 10년이 되던 해에 93세의 나이로 세상을 떠나셨다.
나는 10년 동안 모시면서 단 한 번도 짜증을 낸다거나 주거비, 부식비, 외식비, 의류비 등 1억 가까이 되는 돈을 아깝게 생각한 적이 없다. 당연히 부모이고 가족이라고 생각했기 때문이다.

이런 점에서 아내는 늘 고맙게 여겼고 아이들도 아버지가 장하시다고 생각해주었다. 그런데 여러 처남들 중에는 나를 비난하거나 못마땅하게 여긴다는 말을 들을 때는 몹시 서운하였다. 자신들의 친어머니를 10년이나 모신 것 이외 둘째 처남은 5년간 전박사의 회사에서 근무하였고, 막내처남은 친동생처럼 여러 번 도와준 것만 보아서라도 언짢게 생각한다니 도저히 이해가 가질 않았다.
나는 마음이 넓고 그릇이 작은 사람이 아니다.

큰 처남의 댁이 치매로 요양병원에 입원하고 큰 처남 혼자서 지내면서 건강이 좋지 않다기에 잠실아파트에 혼자사는 큰 처남집에 방문하였다. 자녀가 없는 처남은 원래 "나" 자신밖에 모른다. 큰 처남은 오로지 요양병원에서 치매치료를 받고있는 아내만을 생각하고 있었다. 큰 처남 대신에 사위인 내가 10년이나 모셨지만 인사 한 번이 없었다. 그러나 생색을 내자는 것도 아니어서 묻어버리고 있는데, 나에게 일전한 푼 사례해본 적이 없으면서 노부모로부터 받은 20억짜리 잠실아파트에 살면서 치매 걸린 아내의 친동생인 육사출신에 육군대령으로 제대한 이대령이 자기 누나의 치매를 기회로 1억 3천만 원을 통장에서 몰래 인출해간 사기친 이야기만 입에 거품을 물고 분이 안 풀려 한탄하고 있었다.

그런 것을 보면 아직도 노부모에게 내가 너무 불효를 하였구나 하는 그런 반성은 전혀 없는 듯 보였다. 처남들도 아내의 형제이니 잘못하고 서운한 것은 잊고 그런 처남은 원래 그런 사람이었다고 삭히고 지내야 마음이 편하다. 본 저자의 자녀들도 엄마가 외할머니를 10년동안 효심껏 모신 것을 보고 딸들이 지금은 엄마에게 잘하고 있다. 역시 자녀들은 부모의 뒤를 보고 배운다는 말이 맞는 말이다.

12. 남자의 흠

 남자가 가정을 떠나서 생활하면 이런 일이 생기는구나! 하는 것을 처음 알게 된 계기가 있었다.
내 나이 40대 남자다운 야성미가 물씬 풍기기도 하였고, 외모가 첫눈에 사로잡힐 만큼 물이 오르기도 했거니와 무엇보다도 주머니에 돈이 넉넉하니 자신감이 넘칠 때였다.
나의 일대기인 자서전을 쓰면서 솔직해야 하므로 여러 가지 흠 중에서 한 가지만 짧게 쓰기로 하고 나머지는 다음 후반전에 내놓기로 하겠다.

이미 나는 2남 2녀의 자녀를 둔 가정이 있는 남자이나 눈썰미가 비 오듯 하는 아내도 다 아는 사실이기에 독자들이 흠을 보더라도 나의 흠을 하나만 끼워 넣기로 했다.
인간의 본능이기도 하고 동병상련의 마음으로 봐주셨으

면 좋겠다.
동병상련이란 같은 병을 앓고 있는 사람끼리 가엽게 여긴다는 뜻이다.
이 이야기는 내가 쓴 책 <서울 카사노바>의 소재가 되어 발간하기도 하였다.
교보문고에서 판매 중이며 4권으로 실화를 바탕으로 한 논픽션 애정 소설이다. 이전에 30만 부가 팔려 베스트셀러가 된 <핫나경>도 많은 사람이 다시 찾고 있어 <뉴 핫나경>으로 재발행할 예정이다.

내가 사업차 골드 파트너 직영점을 대전, 전주, 광주에 설립할 목적으로 전주에 내려갈 일이 생겼다.
늘 그렇듯이 투 버튼의 양복을 깔끔하게 차려입고 약속장소인 전주 코리아 커피숍으로 갔다.
커피숍은 초만원으로 이미 좌석이 꽉 차 있어 두리번거릴 때 카운터에서 주인듯한 여자가 나를 보며 "어머 서울서 오셨나 봐요. 우리 집은 처음이시죠?" 하며 좌석을 안내한다. 그녀는 세련된 미모에 마치 첨단을 걷는 듯 빛이 났다.
얼마 후 약속장소에 홍 사장이 오면서 내 앞에 앉으니 그녀는 "어머 홍 사장님 손님이셨네요. 어쩌면 우리 집에 이런 멋진 분이 오시게 됐나 궁금했는데…말씀 나누세요" 하고 한껏 립서비스를 하더니 자리에서 일어섰다.
"홍 사장 여기 커피숍에 웬 사람이 이렇게 많은가? 커피숍이 여기 하나밖에 없나?"
"앗따 이 사람 지금 왔던 마담 인물 좀 보게나 예사롭지 않은가? 전주 시내 한량들이 점수 따서 어떻게 한번 해보려고 여기 매일 출근 도장 찍으러 오는 거네"
"어 그래. 젊고 미모도 출중하지만 사업도 잘하나 보네"
"사업보다 저 여자가 여기 도지사 딸이야"
"뭐! 도지사 딸이라고? 아니 도지사 딸이 체면이 있지 어찌 물장사를 하는지..."
그녀를 다시 한번보려고 고개를 돌려 카운터 쪽을 바라보니 그녀도 나를 쳐다보고 있어 눈이 마주쳤다. 그녀가 하얀 이를 드러내며 활짝 미소를 지으니 여러 사내 꽤나 울렸겠다는 생각이 들었다.

"몇 살이나 되었는데 벌써 물장사야?"하고 홍 사장에게 물어보았다.
"스물아홉인가? 서른인가? 왜 전 사장도 여기 있는 남자들처럼 관심이 있나?"
멋쩍어서 아니라고 대답하였다.
"아니긴 뭐가 아니야 남자치고 저만큼 섹시한 여자에게 끌리지 않으면 고자인 거지" 순간 내 마음을 들킨 것 같았다.
"아직은 저 여자에게 남자가 없는 거로 아는 데.."
"아니 어떻게 홍 사장은 저 여자 속사정까지 다 알고 있나?"
"그래서 여기 손님들이 그렇게 많이 오는 거지 만약 저 여자가 애인이 있다면 누가 오겠나 파리만 날리겠지."
"그렇겠네. 재미있구만."
"서울에서 한양대를 나와 육군 대위랑 연애했는데 알고 보니 유부남이었나 봐. 남자가 간이 배 밖으로 나온 거지. 그 사실을 알게 된 여자가 자살하려고 손 동맥을 끊었는데 부모님이 겨우 살렸나 봐. 그러니 아버지가 뭐라도 마음잡고 하라고 가게를 차려주신 모양이야."
"아 그런 사연이 있었군."
"여자가 눈이 높아서인지 육군 대위보다 잘생긴 사람만 찾는 모양인데 아마도 복수심에서 그런 듯싶네"
홍 사장과 대화를 나누고 있는데도 그녀의 시선은 여전히 나를 향하고 있었다.

"전 사장 저 여자가 전 사장한테 단단히 반한 것 같은데..."
"에잇 이 사람아 만난 지 얼마 되지도 않았는데 무슨"
"하하 전 사장이 더 잘 알면서 무슨 그런 능청을 떠나. 첫눈에 반하는데 시간이 얼마나 걸린다고..."

홍 사장은 계속해서 나를 떠보며 농담을 하였다.
"전 사장은 누가 봐도 탤런트인 줄 알 테니까 저 여자도 그렇게 생각할 거야 아마도. 남자도 예쁜 여자를 보면 끌리는 게 인지상정인데 여자도 마찬가지 아니겠는가!"

"그만하고 이제 우리 얘기나 하지. 홍 사장에게 전화로 말한 것처럼 나는 전주에 당분간 있어야 되네. 사무실을 차리면 책임자로 우리 처남이 내려올 것이고 여직원까지 3~4명 정도 올 거니 전주가 익숙지 않아서 부탁하니 도와주게.
우선 사무실은 30평 정도면 되겠고 위치는 여기가 중심지니 이 근처로 하면 좋겠는데"
홍 사장은 알아보겠다고 걱정하지 말라고 하여 식사하기 위해 나섰다.
이 마담이 급하게 달려오더니 아니 벌써 가시려고요? 오늘 올라가시나요? 하면서 필요 이상으로 자세하게 물어왔다.
"앞으로 사업 때문에 당분간 전주에 있어서 실컷 볼 테니 나한테 잘 보이슈 이혜숙씨" 홍 사장이 대놓고 직설적으로 말하니 마담이 쑥스러워한다.
홍 사장은 여자를 다루는 솜씨가 보통이 아니었다.

전주비빔밥으로 저녁 식사를 하고 사격연맹 전주 회장인 김홍관 사장을 만나러 갔다. 김 사장은 옛 출판사 다닐 때 동료였으며 자별한 사이라 나이는 나보다 위였지만 말을 터놓고 지내는 친구였다.
바쁜데도 나를 만나려고 시간을 내준 김 사장은 내가 가니 반갑게 맞아주었다. 마침 사무실은 여성 강사 20명 정도가 퇴근 준비를 하느라 분주한 모습이었다.
"반갑네 친구. 어쩐 일로 전주에 왔나?"
"전주에서 당분간 할 일이 있어서 왔네"
"서울에서도 바쁜 사람이 웬일로 전주에 있겠다는 말인가?"
김 사장은 오랜만에 술 한잔하자면서 고풍스런 한옥 구조의 기와로 된 요정으로 나를 데려갔다.
자연스러운 행동으로 보아 돈 꽤나 바친 집 같아 보였다.
문 앞에 나비넥타이를 한 웨이터부터 20여 명의 기녀가 김 사장을 보면서 반갑게 인사를 하였다.

한일스텐 한 선배도, 부산 송영일 사장도 그랬듯이 그 시절에는 주머니에 돈 좀 있으면 요정에 가던 때였다.
마담이 나비처럼 날아와 앉는 것처럼 김 사장 옆에 찰싹 앉는다.
"김 회장님은 멋진 분들만 아시나 봐요? 오늘은 연예인

같은 신사분과 오셨네요." 하더니 꺄르르 숨넘어갈 듯이 웃는다.
물장사 십 년이면 안 녹아 떨어질 사내가 없다더니 그녀의 상술도 보통은 아니게 보였다.
김 회장은 한국 도자기 전북 총판에 요리 강사를 두고 요리 기구를 판매하여 돈을 벌어 전주 유지가 되었고 사격연맹 회장까지 맡고 있었다.

남자는 제왕 대접을 받으면 지갑이 열려 돈 쓰는 재미에 돈을 번다는 말이 틀린 말은 아니다.
넓은 교자상에 요리가 상다리가 부러질듯하게 차려 나왔다.
아가씨도 2명이 들어와 한 사람은 김 사장 옆에 앉으면서 "자기야 보고 싶었어요" 하며 애교를 떨었다. 그러자 마담이 다른 한 명에게 "넌 뭐하니 저 잘생긴 손님 옆에 앉지 않고" 하며 내 옆을 가리킨다.
마담은 저 아이가 이제 고등학교를 갓 졸업해서 온 가장 어린 영계라고 말하였다. 한마디로 영계란 어린 기생을 비유하는 말이다.
우리나라에서 술 따르고 웃음 팔고 몸을 파는 화류계 여성이 80만 명이 넘으며 남자들이 쓰는 돈만도 몇조 원에 이른다.
강남의 버닝썬 룸살롱에서 판매하는 만수르 세트는 한

테이블에 1억 원으로 하루 저녁에 쓰는 돈이다. 년간 수백억 원씩 버는 유명 스타들이 가는 궁전 같은 술집도 수십 군데이며 들어가면 호텔 룸으로 바로 연결되기도 한다.
왕마담 새끼마담 웨이터 그리고 선수로 구성되는데 선수는 미모가 빼어나서 찾는 남자 손님이 많은 여자를 말한다. 그들 중에는 연예인이나 여대생들로 20대 초반의 여자들이다.

마담은 김 회장 손님이라 신경을 썼는지 복숭아같이 솜털이 채 벗겨지지 않은 햇병아리를 데려와 술을 따르게 했다.
밴드까지 들어와 거나하게 술을 마시고 술값은 김 회장이 냈으니 예의상 아가씨와 밴드의 팁은 내가 주었다.
젊은 나이에 유지가 되어 나에게 융숭한 대접을 해준 것 같아 고마웠다.
이곳은 그동안 다닌 기생이 한복차림을 한 요정의 모습보다는 지금의 룸살롱의 형태에 더 가까워서 이때부터 술집의 모습이 변하던 시기였다.
남자들도 요정을 선호하는 사람, 룸살롱을 선호하는 사람, 춤을 추기 위해 카바레를 선호하는 사람 그냥 대포집을 선호하는 사람 등 계층에 따라 나뉜다.
나는 손님 접대를 할 때는 영등포 금마차를 갔었다.

술에 취하지 않았으면 안 물어봤을 텐데 김 회장에게 코리아 커피숍을 아는지 물어보았다.
"응 잘 알지!"
역시나 작은 도시라 빠삭하게 아는 듯했다.
"어 그렇군. 오늘 거기서 손님을 만나고 왔거든"
"나는 안 가보았지만, 소문이 자자해. 거기 마담이 도지사 딸인데 그렇게 잘났다면서... 콧대가 얼마나 높은지 도도하다던데 전 사장이 보니 어땠나?"
"글쎄 그런 건 못 느꼈는데...보는 사람에 따라서 다르겠지..."
"아냐 거기에 다니는 사내들이 헛물만 켜서 두 손 두 발 다 들었다던데"
"그럼 김 회장이 콧대 한 번 꺾지 그랬어."
남자들의 술자리는 여자 이야기가 나오는 법이라 술안주 삼아 자연스럽게 주고 받았다. 특히 남들 불륜 얘기 등은 '내로남불'이라 내가 하면 로맨스고 남이 하면 불륜이라고 더 말하길 좋아한다.

"나는 자신이 없네. 한 번도 보지 못했지만 그런 여자는 잘생긴 전 사장에게나 제격이지 나하고는 안 맞아. 하하하 전주 시내 여자들 가슴앓이하게 하지 말고 어서 서울로 올라가지 그래. 그 여자도 전 사장이 몇 번 만

나면 만리장성 쌓겠구만"
"무슨 그런 소리를...아무튼 오늘 환대해줘서 너무 고맙네 친구."
"아 참 자네 부인 미스 배는 안녕하시지 인사가 늦었네"
"그럼 무탈하게 잘 있지."
출판사 시절 같은 동료였기 때문에 잘 알고 있었다.
"오늘은 늦었으니 그만하고 다음엔 내가 한잔 사지"
김 회장과 마무리하고 일어나려는데 마담이 내 파트너를 손으로 가리키며 숙소를 예약해 놨으니 저 애기 따라가시면 된다고 말한다.
욕쟁이 할머니 콩나물 해장국집 간판이 보이고 그 옆을 지나자 자그마한 호텔이 있었다.

다음 날 아침 어젯밤에 보았던 콩나물 해장국 집으로 들어섰더니 웬 아침부터 손님들로 와글거렸다.
전주 콩나물 해장국집 원조라 워낙 유명한 곳이었다.
정말 욕을 잘하시는 할머니가 해장국 한 그릇을 말아서 내놓으며
"자, 처먹어." 하신다. 트레이드 마크인 욕을 하는데 욕으로 들리지 않고 와주셔서 고맙소 하는 것처럼 자연스럽고 밉지가 않았다.
손님들도 익숙한 듯 싫은 티를 내는 사람이 한 명도 없

었다.
식사를 하고는 아침부터 갈 곳도 마땅치 않아서 가까운 코리아 커피숍으로 향했다.

문을 열고 들어가니 마담은 보이지 않았고 최양이라는 아가씨만 있었다.
커피를 주문하면서 신문도 같이 달라고 하였다.
아침에 마시는 모닝커피는 밤새 쌓인 노폐물을 배설하고 커피에 들어있는 카페인이 정신을 맑게 하는 효력이 있는 것 같았다.
신문을 보고 난 뒤 가방에서 책을 꺼내 읽고 있는데 이 마담이 10시가 다 되어서야 나왔다.
이 마담이 나를 알아보면서
"잘 주무셨어요" 하고 웃으면서 인사를 건넨다.
"커피 한잔하시지요?"
"그럴까요! 집에서 마시고 나왔는데 한잔 더 하죠."
커피를 가져와 내 앞에 앉아 손님이 없는 시간이라 대화를 나눌 수 있었다.

13. 남녀 사이란

 남자는 가정을 떠나면 한눈팔게 되고 여자는 남자를 알면 다른 남자가 눈에 들어오지 않는다.
그녀는 내가 무슨 사업을 하는 사람인지 무척 궁금했던 모양이다.
"어제 홍 사장님이 사업차 계신다고 했는데 무슨 사업을 하시는지…"
"아 네 제가 주방 기구 발명 특허를 낸 골드 파트너 밀폐 용기가 있어서 광고하고 있는데 전국 도청 소재지마다 직영 영업소를 개설하려고요. 다른 지역은 다 개설했는데 전주를 마지막에 하게 되어서 당분간 있어야 할 것 같네요. 많이 좀 협조 부탁합니다."
"잘 되시겠네요. 근데 제가 협조해 드릴 게 뭐가 있을까요?"
"우선 숙소가 문제라…"
"그럼 우선 제가 아는 언니가 카운터를 보는 '대왕장' 거기로 해보세요. 여기서 가까우니 제가 그 언니에게 전화해 놓을게요. 잘 해드리라고요."
"아 고맙습니다."
"그 언니는 보험, 화장품 판매도 하면서 대왕장에서도 일하고 있어요"
"생활력이 강한 분이네요"
"그 언니는 나이가 50대인데 불쌍한 언니예요. 아이들이 셋이나 있어 벌어야 하기도 하고, 아이들 성이 다 다르니 그 언니 팔자가 쎄죠. 혼자 벌어서 아이들 키우느라 제가 많이 도와주고 있으니 제가 말하면 아마 잘해줄 거예요."

서서히 손님들이 들어오기 시작하여 이 마담은 자리에서 일어나 손님을 맞느라 분주했다.
나도 바로 나와 우선 숙소부터 정하고 일을 보려고 '대왕장'을 찾았다.
카운터에 앉아 있던 그녀는 바로 나를 알아보고
"서울서 오셨지요? 혜숙이한테 얘기 들었어요. 조용한 방으로 드릴게요. 침구도 새것으로 다 바꿔 놓을 테니 일 보고 오세요."
이혜숙 부탁이라 그런지 친절하고 상냥하게 대했다.

홍 사장을 만나서 사무실을 알아보고 전매청 근처 2층에 40평짜리가 나와서 마음에 들길래 계약을 하고 사무

집기를 들여놓으니 하루가 다 갔다.
홍 사장은 당뇨가 있어서 술을 하지 못하여 저녁을 먹기로 하고 도청 앞으로 걸어갔다.
"홍 사장 오늘 수고 많았으니 저녁 맛있는 거로 드세"
사무실과 얼마 떨어지지 않은 곳에 '한밭 식당'이라는 간판이 있는 곳으로 들어가며 홍 사장이 말했다.
"이 집에서 대놓고 식사하시게. 이 집이 반찬이 여러 가지가 나오는데 맛있어서 소문난 집이네"
"고맙군. 그렇게 하지"
홍 사장 말대로 밥상이 차려졌는데 무려 반찬 수가 30가지가 넘었고 맛도 좋았다.
이래서 전주가 음식점들이 다 유명하고 비빔밥이나 콩나물국밥 등 대표 음식들도 많은 지역인 것 같았다.

저녁 식사 후 홍 사장은 온종일 다녔더니 피곤하다고 들어가고 나도 대왕장에 가서 책이나 보다가 자려고 들어갔다.
방에 들어가 전화가 울려서 받으니까 "커피숍 '리'예요"하는 것이다. 내가 들어오면 카운터 언니에게 알려달라고 한 모양이다.
"아 이혜숙씨"
"네 맞아요. 제가 드릴 게 있어서 그러니 가지고 가도 되죠"

"그러면요. 근데 뭘 주신다는 겁니까?"
"이따가 보시면 알아요." 하고 전화를 끊고 얼마 후 그녀가 왔다.
그녀는 길쭉한 병을 보자기에 싸 가지고 왔다.
나에게 관심 있는 건 눈치챘는데 이렇게 진도가 **빠**를 줄은 몰랐다.

보자기를 내 앞으로 밀어 놓으며
"아버지에게 선물로 진상들어온 건데…몇 년이 되었는데도 아버지가 안 드시길래 가지고 왔어요."
홍 사장에게 들어서 아버지가 도지사라는 건 익히 아는데 도지사에게 진상 들어 온 거면 꽤나 값이 나가는 진귀한 것이라는 생각이 들었다.
"아버지 물건을 가져오시면 어떡해요?"
"괜찮아요. 엄마도 손님에게 선물한다니까 승낙하셨어요."
"근데 이게 뭔데요?"
"사주(蛇酒)예요. 드시겠다면 풀어드리고 안 드시겠다면 다시 가져가려고요."
"사주라면?"
"10년도 넘은 백사주예요. 아주 귀해서 산삼과 맞먹는 효과가 있다네요."
서비스업을 해서 그런지 쑥스러워하는 기색도 없이 말

한다.
"남자한테는 이보다 더 좋은 정력제가 없다던데요."
한 손으로 입을 가리면서 묘한 웃음을 띠었다.
"술을 먹을 줄 아니 주신다면 감사히 먹어 보지요. 내 생전에 백사주를 다 마셔보는 행운이 있네요. 이 비싼 것을…"
그제야 보자기를 풀더니 마른 육포와 함께 나왔다.
병에 든 하얀 뱀이 고개를 바짝 쳐들고 있는 모양이 금방이라도 뛰쳐나올 것처럼 둥둥 떠 있었다.
그녀는 마개를 따더니 육포를 찢어서 함께 드셔보시라고 내 앞에 내놓았다.

처음 마시는 것이라 좀 내키지 않았지만, 몸에 좋다고 하니 눈을 질끈 감고 쭉 들이켰다.
"독사가 산삼을 먹으면 백사가 되어 부르는 게 값이라 하는데 이 귀한 것을…좀 씁쓸하기는 해도 마실만 하네요."
"방 안에 있는 소형 냉장고에 넣어 두시고 자기 전에 한 잔씩 하세요. 더 필요하시면 또 가져올게요."
"아니 집에 또 있다고요?"
"네 집에 몇 병 더 있어요. 지리산, 내장산, 무주구천동이 모두 전북에 있어서 산에서 나오는 진귀한 것들을 아버지께 진상하는 분들이 많아요."

"제가 마실 자격이 있나요..."
"아버지는 술을 못 드시고 비위도 약하세요. 지금까지 부모님도 안 드시고 있던 거라 누굴 드릴까 하던 차에 사장님을 뵈니 드리고 싶었어요."
"정말요! 아이고 감사합니다."
시간이 조금 지나니 취기가 오르고 아랫도리가 묵직해 오더니 호흡이 가빠졌다. 그녀는 내 눈치만 보고 있는 것 같았다.
사주 몇 병을 더 얻어 마시려면 그녀를 그냥 보내기도 그렇고 그녀도 작정하고 남자 방에 넝쿨째 굴러들어왔는데 여기서 망설이는 건 남자가 아니라는 생각이 들었다.
그렇게 전주시내 한량들이 한번 건드리려고 애가 타는데 나는 이게 무슨 복인가 싶어 그녀의 손을 잡아당겼다. 그녀도 기다렸다는 듯이 "저기 불 좀..."하여 스위치를 내리니 방안이 칠흑같이 어두워졌다.
아침이 되어 눈을 떠 보니 그녀는 없었고 백사주의 효력은 제대로 약발을 받았다. 그때 사주를 다 마셨던 것이 지금까지도 무병장수하는 데 효과가 있다는 생각이 든다.

이제는 혜숙이 스스럼없이 제법 가까워지자 호칭부터 사장님에서 오빠로 바뀌었다.

"오빠 우리 여행 한 번 가요. 나는 커피숍 한다고 꼼짝 못 하고 틀어박혀 있었더니 바람 좀 쐬고 싶어요."
백에서 돈을 꺼내면서
"여기 300만 원이 있으니 이 돈 다 떨어지면 와요. 아니면 이 근처 국내 여행이라도 며칠만 다녀와요. 가게를 오래 비우면 손님들이 난리 칠 테니…도대체 저에게 왜 그렇게 관심이 많은지 부자연스러워 죽겠어요."
"젊고 세련되고 예쁜 데다가 도지사 딸이라고 하니 프로필이 좋아서 그렇지 브랜드가 얼마나 좋아요."
"오빠는 책을 많이 읽어서 그런가! 말씀하시는 게 다른 사람들이랑은 달라요. 배울 점도 많고요."
그녀는 계속 여행을 재촉하면서 언제 갈 거냐고 묻는다.
"혹시 거절할까 봐 배춧잎까지 준비해서 보여드렸는데 이러시기에요.?"
아무래도 한가로이 여행 갈 시간이 없을 것 같아서 화제를 돌렸지만, 안 가고는 못 배길 것 같아서 가까운 지리산이나 무주구천동에 다녀오자고 하였다.
그녀는 아쉬운 듯 그러자고 알았다고 한다.

숙소와 그렇고 식사하러 다니는 한밭 식당도 매일 먹으니 물렸다.
숙소와 바깥 밥을 먹으며 지내니 따뜻한 집이 생각나서

일반 가정집을 구해보기로 했다.
유 기사를 시켜 하숙집을 알아보게 했더니 금세 구해왔다.
당장 짐을 옮기고 그 집에 들어가니 지금 우리 사무실을 전에 사용하던 여자분이었는데 집에는 이혼녀로 혼자 살고 있어서인지 세간살이가 별로 없었다.
40대 정도로 보였는데 이혜숙과도 아는 사이였다.
하숙집은 주인은 여자 혼자이고 나와 단둘이 지내야 하는데 아무래도 이건 아닌 것 같아 다시 나갈 생각이었다.
아니나 다를까 이혜숙과 하숙집 안 여사와 싸움이 벌어져서 안 여사가 병원에서 링거를 맞는다는 소릴 들었다.
유 기사도 사장님 다시 옮기시는 게 좋겠다고 말하여 하루만에 다시 나오게 되었다.

두 여자가 싸운 걸 들어보니 완전 사랑과 전쟁을 방불케 했다.
안 여사는 김홍관 회장 회사에서 알아주는 유명 요리 강사였다. 그래서 평소 유 기사와도 알고 있던 안 여사가 내가 유 기사와 다니는 것을 보고 눈여겨보고 있던 모양이었다. 그런데 마침 내가 하숙할 곳을 찾는다는 소릴 듣고 평소 하숙을 하지 않았던 사람이 방이 하나

비었다고 자기 집으로 들어오게 유 기사에게 말한 것이다. 의도적으로 접근한 것을 안 이혜숙이 첩이 첩 꼴 못 본다고 눈이 뒤집혀 싸우게 된 것이다.
두 사람이 나 때문에 드잡이로 사단이 났다고 하여 몸 둘 바를 몰랐으나 더 일이 커지기 전에 안 여사가 병원에 있는 사이에 짐을 **빼**서 다시 대왕장으로 들어갔다. 드잡이란 서로 머리나 멱살을 움켜잡고 싸우는 짓이다.

유 기사는 안 여사에게 이 소식을 전했다고 하면서 이 동네 여자들이 모이기만 하면 사장님 얘기를 한다고 하였다. 유 기사 말은 애들 엄마가 그러는데 서울에서 온 탤런트 사장하고 도지사 딸 이혜숙이 좋아 지내는 데 요리 강사인 안 여사가 사장님을 채가려고 하다가 난리가 났다는 소문이 파다하다고 했다.
여자들이 모이면 남의 불륜 얘기를 가장 흥미 있어 한다더니 내로남불이었다.
아무래도 **빨리** 서울로 올라가야겠다고 마음먹었는데 또 한 번 이혜숙이 없어졌다고 집에서 찾고 난리가 났다.
이혜숙과 가장 친하게 지내던 이영숙도 나에게 어디 있는지 모르냐고 애가 타서 연락이 왔다.

나는 어처구니가 없었다.
여행 가자며 죽고 못 살 것처럼 하더니 안 여사와 드잡이로 싸운 후 없어진 것이 이해가 되지 않아 이영숙이 운영하는 숙녀복 매장으로 가보았다.
이영숙에게 영숙씨가 모를 리가 없는데 숨기는 게 아닌지 물어보았다.
"무슨 일이에요? 영숙씨가 아무래도 숨기시는 게 있는 것 같은데…"
속마음을 들킨 듯 얼굴색이 변하였다.
"이야기하면 안 되는데…" 뜸을 들이더니 생각해 보고 내일 말씀드린다고 한다.
입을 닫고 절대 말하지 않기에 그럼 내일 말해주세요 하고는 매장을 나왔다.
궁금증이 풀리지 않아 내내 그 생각에 사로잡혔다.
왜 나를 피해 연락 두절일까? 안 여사하고 싸운 게 나에게 미안하고 창피해서일까? 그런 것 아닌 것 같았다.

커피숍은 하루 이틀 주인이 안 보이니 다들 어디 갔냐고 물어보고 종업원들은 일일이 대답하느라 어수선했다.
바람나서 도망갔나? 어디 아파서 입원했나? 멋대로 추측하였다.
오랫동안 커피숍에 다닌 최양이 울상이 되어 나에게 사장님도 진짜 모르세요? 한다.
커피숍은 어떻게 운영하고 있냐고 물으니 매일 저녁 그

날 매상을 어머니에게 드린다고 하였다. 외동딸이라 대신 일 봐 줄 사람도 없어서 어쩔 수 없이 최양이 우선 맡은 모양이었다.

사실 이혜숙 부모님을 얼떨결에 만난 적이 있다.
백사주를 선물로 받고 며칠 안 돼서 관사 말고 본가에 가자고 해서 가본 적이 있었다.
이혜숙은 마치 내가 자기 약혼자라도 된 것 마냥 유부남인 걸 알면서도 자기 엄마에게 전화로 "엄마 나 남자 친구랑 갈 테니 점심 좀 해주세요." 하였다.
철면피도 아니고 낯부끄럽게 어떻게 가냐고 거절하였더니 하도 조르기에 가게 되었다.
도지사 사모님은 우리 어머니 같은 인상으로 청초함이 느껴졌다. 손수 차린 상을 보니 마치 과수원 우리 친어머니가 해주시던 밥상과 똑같았다. 무를 넣고 시원하게 끓인 소고깃국에 정갈한 반찬들이 입에 착착 들러붙었다. 오랜만에 맛보는 집밥이라서 그랬는지 단숨에 맛있게 먹었다.
이렇게 집까지 데리고 온 걸 보면 나의 독심술로 볼 때 나를 서울에 못 가도록 못 박아두려는 게 아닌가 하는 의심이 들었다.

나는 이혜숙이 왜 그러는지 다음 날 알려주겠다던 이영

숙을 일부러 찾지 않았다. 관심 없는 척 물어보지 않은 것은 내가 찾지 않는다는 것을 보여주기 위해서였다. 하루 이틀 연속 이영숙이 전화로 보자고 하였고 어쩔 수 없이 이야기를 들었지만, 여기에 써넣기에는 부적절하여 독자들의 상상에 맡기기로 하겠다.
나는 전주 영업소 개설을 해놓은 뒤 처남 배창수와 직원들에게 나머지 업무를 맡긴 채 짐을 싸서 서울로 올라왔다.
그래야 만이 사랑과 전쟁이 끝날 것이며 모든 게 빨리 정리될 것 같았다.
잠깐의 호기심이 후회되기도 하였고, 무엇보다도 나름 가정적인 내가 앞으로는 집을 떠나서 일하지 않기로 다짐하는 계기가 되었다.
일부이지만 나의 반세기 중 일부를 옮긴 내용으로 앞으로 남은 반세기에 남은 일들을 밝히도록 하겠다.

그동안 사업을 하면서 틈틈이 메모하였다가 쓴 책이 반세기 동안 100권이나 된다. 그러다 보니 논픽션의 애정소설 다수가 전국 서점에서 베스트셀러가 되어 불티나게 팔리기도 하였다.
특히 <핫나경>과 <서울 카사노바>는 지금도 찾고 있다. 그동안 집필한 도서 목록을 정리해보니 많은 책을 썼구나. 라는 생각이 든다. (끝)

부 록

세계적인 기업
애터미 시대

atom美 ATOMY

저자 박사 전 중 상
1권 처음가본 애터미 오롯
2권 천만원버는 월천댁들

"기업은 사람이다"

김실장

문의 | 010-6765-4146, 010-3895-4114로 문의하시면
전문 상담사가 상냥하게 상담해드립니다.

자수정출판사

시리즈 1권 <처음 가본 애터미 오롯>
시리즈 2권 <천만원 버는 월천댁들>로 이어집니다.

머리말

 필자는 2025년 7월 24일 목요일 지인에게 이끌려 세미나장에 가서야 애터미가 세계적인 기업임을 처음 알게 되었다.

애터미는 화장품, 건강식품, 생활용품 등이 저렴하고 품질이 좋으므로 내가 사용 후 만족하여 다른사람에게 입소문을 내며 사업이 확장되고 소득이 생기는 구조이다. 필자도 수십 년간 할부 유통업, 제조업, 출판사, 영화 제작 등 여러 가지 사업을 하였지만 네트웍 마케팅 사업을 구경하는 것은 이번이 처음이었다. 그러므로 그날 별천지 같은 세상을 경험하고서 애터미를 30만 독자에게 알려서 동참시키고자 소책자를 엮게 되었다.

2025년 8월 15일 저자올림

애터미 창립일 : 2009년 5월 27일
사업자 회원 : 전세계 1,500만 명
년 매출액 : 2조 원 규모
네트웍 판매 : 연속 수출 1위 확인
본사 주소 : 충남 공주시 백제 문화로 2148-21
본사소속 직원 : 240명(2024년 기준)

차 례

머리말	214
1. 제1장 애터미 시대	216
2. 제2장 성공사례	233
3. 제3장 효자상품 헤모힘	244
4. 제4장 필자의 생각	263

본 책 <애터미 시대>는 다큐멘터리 영화로
제작할 기회가 올 것입니다.

제1장 애터미 시대

 와! 여기가 애터미 왕국이구나! 두 눈이 휘둥그레졌고, 첫 소감이 이건 왕궁이라고밖에 할 수 없었다. 인산인해를 이루는 회원들에게도 압도당했는데 대형교회 집회장하고는 또 다른 분위기였다.

 2025년 7월 24일 서울에서 1시간 40분을 달려 애터미 세미나 장소(공주시 정안면 차령로 3526)인 오롯에 도착하니 전국에서 운집한 애터미 회원들로 꽉 들어찼다. 웅장한 대형건물 안에는 발 들여 놓을 틈 없었고, 대형 스크린이 커지자 세련된 모습의 여성 사회자가 익숙한 스피치로 열이 달아오르게 군불을 지폈다.
월드컵경기장만큼이나 큰 장내는 사회자 멘트에 귀를 기울이느냐고 숨소리조차 내지 않았다.

 식순대로 첫 시간인 1시부터 1시간가량 애터미 왕국을 창건한 회장 박한길 (56년생 70세, 경영학 박사) 장로님의 회사소개가 있었다.
2번째로는 애터미를 이끌어 가고 계시며 취임한 지 1년이 되어 간다는 의사 출신 대표이사 윤용순 박사의 시간이었다.
3번째 시간은 미모의 김윤나(40대) 스타강사의 '말, 마음'이라는 주제의 교양 프로그램이었다. 그녀의 조용하고 차분한 강의는 물이 오른 듯 유창한 스피치로 관중을 사로잡았다.
애터미 회원은 돈만 버는 것이 아니라 인성도 갖추어야 하는데 필요한 언어와 마음씨에 대한 교양 교육이었다.

그리고, 승급자 시상식에 이어 4번째 마지막 시간에는 애터미 최고직급 임페리얼 1호이자 10억 상금자 윤영성 목사님의 성공담으로 이어졌다. 목사님답게 역시 스피치의 달인이셨다.
박회장님과 목사님은 50년 전 광주에서 알게 되었는데 지금까지 인맥이 되어 웃고 울리는 희로애락을 구사하시며 관중을 압도하셨다.

연설을 들으면서 애터미 사업을 하면 저렇게 말도 잘하게 되나 싶었다.
모두가 공통된 테두리 안에서 이루어지는 사업이고 사례내용은 천차만별인데도 하나도 중복됨이 없이 극적인 드라마 대본 같았다.
한편으로는 시나리오 작가가 사전에 각본을 대필해준 것을 연습하였나! 라는 의구심마저 들었다.

 지루하지 않았던 4시간의 순서가 순식간에 지나갔다.
아! 그래서 '애터미 회원으로 성공하려면 비즈니스 세미나장으로 가라'는 캐치프레이즈에 걸맞았다.
애터미의 많은 제품 중 치약, 칫솔, 샴푸는 몇 번 써 봤지만 이렇게 조직이 방대한 줄은 미처 몰랐다.
세미나장의 광경을 보고 난 후 직업병이 돋아 앉자마자 가방에서 다이어리를 꺼냈다. 메모 없이 듣기만 하던 회원들은 강의가 끝나면 일어서는 순간 머리가 새하얘진다. 들을 땐 아는 것 같아도 기억은 순간이고, 기록은 영원하므로 지혜로운 사람은 듣고 메모하여 자기 것으로 만든다.

 그래서 세미나장에서도 성공한 사람과 아직은 초보로 맨땅에 헤딩하는 사람이 구분되었다.
성공한 사람은 여유로우며 얼굴에 빛이 나고 의상과 장신구가 말을 대신해 주었다. 풍요롭고 만족하니 귀티가 난다.
하지만 하위등급자는 낯설어서 의기소침해 있거나 얼굴에 구름이 낀 것처럼 어두워 보였다. 의상이나 장신구

역시도 차이를 보여 소탈하였다.

막 입문한 초보 회원은 '실적을 올리는 것만이 살길이다.'라는 마음으로 목숨을 걸어야 한다. 7단계 직급 중 최상위 임페리얼이 되려면 그분들에 체험담을 교훈 삼아 열심히 뛰어야 산다.

애터미 세미나의 모습

네트워크 피라미드 다단계가 강남역, 선릉역, 교대역 주변에 수백 개씩 난립해있다. 하지만 거의 개점 폐업으로 6개월 안에 잠적하는 사기 다단계다.

수많은 서민이 사기를 당해 피해를 보고 파산하니 극단적으로 자살까지 하여 사회적 물의를 일으켰다. 그래서 건실하게 성장하는 업체까지도 도매금이 되어 다단계라면 거부감을 느껴서 이미지가 좋지 않다.

그런 나쁜 이미지를 말끔히 씻게 한 것이 애터미 기업으로 2009년부터 16년째 승승장구하며 탄탄대로를 달리고 있다.
유통기업으로는 5천억 원으로 수출 1위이며 총매출액은 2조 원으로 2%를 사회에 봉사하고 있다.
성공과 실패는 최고 경영자의 마인드에 달려있다.
애터미 회원이 1,500만 명까지 불어나고 가입 가능 국가 114국, 해외법인 26개국과 수출로 기적을 이룬 데는 경영자의 마인드, 제품 품질, 저렴한 가격 그리고 피라미드 설계부터 다르다.

 실패한 업체들의 원인은 안될 것을 뻔히 알면서도 사기 치기 위함에 검은 발톱을 숨기고 출발하였으며 그런 마음으로 만들어진 상품이기 때문이다. 흉내만 낸 조잡한 싸구려 불량품들을 터무니없이 원가의 수십 배 마진을 붙여서 파니 회원들에게 눈탱이를 치고도 버티지 못하여 잠적하는 것이다.

 기소중지 되었다가 체포되면 불법 다단계 죄로 구속되고 거지가 되어있어서 회원들에게 피해보상을 할 수가 없었다.
자신도 못 살고 회원들까지도 가정은 이혼하고 신용 불량자가 되는 어리석은 짓들이다.
이래서 명언이 생겨났다.
사람은 어떤 사람을 만나느냐에 따라 팔자가 바뀌고 인

생이 바뀐다고 누구와 함께하느냐에 따라 인생의 성패가 갈린다는 뜻이다.
그때 애터미를 만난 사람은 상위직급에 월 1억 원이 넘어 풍요롭고 행복한 삶을 누리고 있다.

애터미 직급은 7단계다.
1. 세일즈 마스터 판매사
2. 다이아몬드 마스터 팀장
3. 샤론로즈 마스터 국장
4. 스타 마스터 본부장
5. 로열마스터 총장
6. 크라운 마스터 단장
7. 임페리얼마스터 총단장

초보 세일즈 마스터는 판매 실적으로 승급되고, 이후 직급부터 좌우 각 2명씩 나와서 같은 직급을 배출한다. 그러나 사기 다단계를 만난 사람들은 상위 몇 명만 수당을 타 하위직은 피해를 보았다.

시중에는 이런 말이 돌고 있다.
'돈 벌고 건강해지고 예뻐지려면 애터미를 만나라.'
이미 애터미 회원이 되신 분들은 박한길 회장님을 만난 덕분에 복 받은 분들이다. 자본도 필요 없고, 자신이 필요한 치약, 칫솔, 샴푸같은 생활용품을 구매하며 무점포에 자신이 포장하지도 않고 발송하지 않으면서 돈만 버는데 이런 직업은 하늘 아래 눈 씻고 찾아봐도 없다.

 필자에게는 늘 이런 습관이 있다. 무엇을 접하면 그대로 끝내지를 않고 다른 것과 접목해 보는 것이다.
그래서 세미나장에서 하나하나 메모를 하던 중 나도 모르게 두 무릎을 쳤다.
옳지 이거구나!
그동안 사업 해오며 모아둔 약 30만 명의 고객에게 애터미를 알리는 60쪽짜리 소책자와 카달로그를 포함하여 우편으로 보내보자 하니 반응이 올 것 같아 가슴이 뜨거워졌다.

 그래서 4시간 세미나가 끝나자마자 머리에서는 밑그림이 그려지고 있었다.
지인과 독자에게 배달되면 상담사를 시켜 일일이 콜을 하여 치약 칫솔부터 판매하고 그다음에는 찾아가 대면하면서 회원가입을 시킨 후 주력상품인 헤모힘을 적극 추천할 예정이다.

 필자는 글을 쓰는 소설가로서 출판사를 운영하므로 시간이 모자란다. 그래서 사업을 대신할 수 있는 젊은 인재를 내세워 직접 방문하여 애터미 회원으로 가입시키고, 가이드를 해주는 큰 그림을 그리는 중이다.

 사람은 먹은 대로 내일의 내 몸이 되고, 아는 만큼 보인다.
내가 결단하지 않으면 내 몸이 탄탄해지지도 않고, 아는 것도 없으니 그릇이 작아 잘살 수 있는 깜냥도 못된다.
사람은 마음먹기에 달려 애터미 만이 살길이라고 결심하였으면 月수당 1억이 넘는 최고직급까지 도달하는 데 최선을 다해야 한다.
체면 차리고, 눈치 보고, 소심한 자가 성공하기는 힘들다. 팔아야 내가 산다는 각오로 죽기 살기로 해야 하며 품질 좋아 고객에게 환영받고, 저렴한 가격이라 거부감이 없고, 소모품이라 한번 고객은 영원한 고객이 된다.라는 생각을 해야 한다.

 그뿐만 아니라 앞으로는 120세 시대가 온다는데 고인 물은 썩고 흐르는 물은 맑듯이 소일거리가 생겨서 움직이게 되니 더 건강해진다.
자신이 한 만큼 소득이 돌아오니 노후 준비는 걱정 안 해도 된다. 만약 120세가 되어 사망할 경우 가족에게 상속되며 상속세 없이 그대로 손자까지 이어진다.

필자도 네트워크 가입 권유를 수도 없이 받아 보았지만 한 번도 싸인한 적은 없다. 내 본업도 바쁘기도 하고 1인 10역으로 여러 가지 일을 하니 관심을 가질 수가 없었다. 그러나 이번만은 다르다. 필자의 자서전에서도 언급한 바가 있지만, 80이 넘은 나이에도 핸드폰 3대를 한 번도 빠트리고 다녀본 적이 없고, 지금도 1인 10역을 하고 있으니 애터미에 도전하려고 한다.

　주치의께서는 정신적인 인지 능력이 50대 못지않다고 하셨다. 치과에서도 잇몸과 치아가 튼튼하다고 하시며 어떻게 관리하냐고 물으시길래 애터미 치약과 칫솔만 쓴다고 하니 제품이 좋은가 보다.라고 말씀한다.
애터미 칫솔은 다른 칫솔과는 달리 머리가 작고 극세모라 부드러우며 손잡이는 얄상하여 입속 깊은 곳 구석구석까지 잘 닦인다.

　필자는 '이 나이에?'라거나 '이제는 쉬어야지 뭘 해!' 이런 고리타분한 단어와는 거리가 멀다. 요즘 107번째 집필하고 있는 <새봄이>와 젊어지는 <회춘 비결>을 집필하는 데도 도움이 크게 될 것 같다.
이왕이면 애터미에서 최고령 사업자로 왕성한 사업 활동을 할 생각을 하니 가슴이 뜨거워진다.

옛날 같으면 꿈에서도 생각지 못할 일이다.
조선시대 왕 중 83세에 사망한 영조 대왕이 가장 장수한 임금이다.
지금 필자의 나이와 영조 임금과 나이가 같지만, 필자는 아직도 늙었다고 생각하지 않고 앞으로 살날이 40년은 더 남았다고 생각하며 노력한다.
그래서 미국 어느 대학교수의 책에서 읽은 게 생각난다. 세상은 20년마다 크게 변하기 때문에 그 전에 지식은 무용지물이 되어 새로운 지식을 다시 쌓아야 해서 평생을 배우는 것이라고 하였다.

　맞는 말이다. 오히려 세상이 더 빨리 급변해 얼마 전만 하더라도 장사하려면 장사 밑천에 점방이 있어야 할 수 있다.라는 고정 관념이 있었지만, 지금은 맨몸에 핸드폰, 카탈로그와 7천 원짜리 명함 한 갑을 패스포트에 나누어 담고 필드에 나가면 그것만으로 준비 완료다.
처음에는 가족과 친구, 인맥을 찾아 나서면서 마음이 떨리거나 조급할 필요가 없다. 거절당하면 뒤통수 부끄러워서 어쩌지? 하며 쫄거나 겁먹을 필요가 없다.
물건을 사라는 게 아니다. 칫솔 하나를 써보라고 선물하면 싫다는 사람은 없다. 그러면서 카달로그 한 장을 주면서 제품들을 보라고 하면 된다.

온실 속에서만 자라온 사람은 조금만 힘들어도 작심 3일로 잘 포기한다.
필자는 끌려가다시피 한 세미나에서 4시간을 경청하며 느끼고 터득한 것이다. 그동안 인맥을 형성한 지인들에게 건강을 위해서 애터미 회원으로 활동을 권할 참이다.
모르는 것은 손에 쥐여줘도 모른다. 모르면 더 알려고 자료를 찾아보고 인터넷검색을 해보면서 배워야 한다.

 필자가 13년째 핸드폰을 3개씩 소지하는 이유는 독자가 30만 명인데 핸드폰 한 대에 다 입력되지 않기 때문이다. 그래서 나누어 입력해 놓고 독자 관리를 한다. 독자분 중에는 카톡이나 메시지를 잘 안 보시는 분도 계시다. 그런 분께는 우편으로 신간이나 카달로그를 발송해 드린다. 칫솔 하나를 넣어 드리면 금상첨화다.
애터미 세미나를 다녀온 후 일주일 동안 60쪽 소책자를 집필한 것은 독자들에게 **빨리** 알리고 싶어서이다.

 앞으로 애터미 사업을 하면 30만 독자 전원에게 애터미 카달로그와 신간 책을 지속적으로 선물해 드리려고 한다.
바야흐로 광고 전쟁 시대다. 알리지 않으면 소비자는 모른다. 광고하면 소비자에게 일일이 사라고 설득할 필요가 없다. TV 홈쇼핑처럼 충동구매도 있고, 필요 욕구에 의하여 구매가 이루어지는 것도 있겠다.

쇼호스트는 곧 매진될 거라고 트릭을 써가면서 매출에 신경을 곤두세운다. 한번 방송을 만드는데 비용이 억이 들기 때문이다.
실물을 보지 못하고 시식하지 못한 음식을 구매하고 한번 먹어보니 광고와는 많이 달라서 실망하게 된다.
그래서 개봉하여 먹은 것도 있고 또 반품하기에 번거로우니 쓰레기통으로 막 바로 직행한다. 광고비가 고가이다 보니 원가를 절감하느라 재료가 수입산 싸구려 이거나 원료가 적게 들어가 맛이 없는 것이다.

그런데도 유명 요리 전문가나 이름있는 연예인을 모델로 내세워 이번은 틀림없겠거니 하고 구매해 보면 역시나다. 사기 다단계 상술과 유사하다.
그러니 광고로 한번 해 먹고는 그 상품은 자취를 감춘다. 소비자를 속이고 우롱하는 기업은 수명이 짧다.

애터미가 상품의 품질이 좋으면서 저렴한 이유는 고가의 광고비가 없고 제조에서 판매까지 동시에 유통이 이루어져서 중간 마진과 재료비가 절감되기 때문이다.
그러므로 박리다매로 1,500만 회원에게 수당을 돌려주고도 원활하게 운영되며 승승장구하는 것이다.

 나이가 들수록 암, 당뇨, 치매에 걸릴 확률은 더 높아진다. 예방이 우선이다. 노인 인구가 천만이 넘고 있어 실버상품 시장이 대세다.
생산자는 물건을 만드는 것보다 판매하는 것이 더 어렵다.

 애터미 회원 중에는 본업이던 가게까지 때려치우고 본격적으로 뛰어들어 전업으로 한다.
그럴듯한 직장에서 정년퇴직 후 편안하게 살 수가 있는데도 활동을 위하여 애터미 회원에 가입하여 움직였더니 당뇨가 오기 시작한 전 단계가 싹 사라졌다고 살맛이 난다고 한다.

 지도자의 창의력과 의지가 기업은 대기업으로 성장하듯이 기적의 철인 박한길 회장님은 쇠도 녹이는 열정으로 애터미를 대기업보다 더한 왕국을 세웠다.
왕조 시대는 나랏돈으로 세웠지만, 애터미는 오로지 회원들끼리 뭉치고 박한길 회장의 투지만으로 이룰 수 있었다.
윤영성 1호 사업자이자 목사님께서 2025년 10월에 박한길 회장님의 자서전이 출간될 거라고 귀띔하시니 마냥 기대된다.

 자서전에는 자신이 일생동안 한 일을 한 권으로는 다 표현하지 못한다. 그래서 본 필자의 자서전도 1권 <천태만상>, 2권 <인생길> 전반전과 후반전으로 나누어서 기록하였다.
필자의 자서전을 모두 읽어 본 가족, 친지, 친구, 지인과 독자들은 그동안 몰랐던 스토리를 알게 되니 저자가 새롭고 다시 보인다고 말한다.

 박한길 회장님이시자 장로님이 걸어온 길을 자서전을 통하여 새롭게 알게 될 것이라 생각하니 더욱 가슴이 벅차오른다. 어린 시절과 성장하면서 겪은 일, 젊은 나이에 시한부 인생으로 투병하며 극복한 사연 등 그런 인연이 새옹지마처럼 전화위복이 된 스토리를 생각하니 책장이 술술 넘어갈 것 같다.

애터미 본사 전경

애터미 회장 박한길 자서전부터
대우그룹 김우중 회장의 자서전 <세계는 넓고 할 일은 많다>
현대그룹 정주영 회장의 자서전 <이 땅에 태어나서>
삼성그룹 이병철 회장의 자서전 <호암자전>
롯데그룹 신격호 회장의 아들이 쓴 <나의 아버지 신격호>
대기업 창업 1세대들의 자서전은 사업을 하는 회원들이라면 꼭 읽어야 할 필독서이다.
책은 사람을 만들어 훌륭한 인재로 쓰이며 독서 하지 않고는 성장할 수가 없기 때문이다.

애터미는 영남 산불피해 성금으로 100억 원을 기부하였으며 3억5천만 원어치의 구호품을 나누어 주었다.
애터미는 누적 1,300억 원 이상 기부를 이어오고 있는 모범 기업이다.

애터미는 칫솔과 화장품 건강식품으로 유명하여 26개국에 수출하고 있으며 미국에서만 작년에 1천억 원 넘는 매출을 거두었다. 중국법인은 매출 1조 원, 러시아와 대만에서도 1,300억 원에 매출을 기록하여 세계에서 네트워크 매출로 10위권 안에 들기도 한다.
애터미는 정부에서도 일하기 좋은 기업으로 4년 연속으

로 선정되기도 했다.

 세계 각국에 있는 애터미 회원 1500만 명은 100회 이상 세미나에 참석하기 위해 연간 50만 명이 공주를 찾아 750억 원을 소비한다. 경제적인 파급효과는 2,400억에 애터미의 누적기부금은 천억 원에 달한다. 공주시는 효자 기업인 애터미로 인해 세수를 한해에 60억 원이나 거둬들이고 있다.

 박한길 회장님은 애터미를 창립하기 이전에 시한부 판정을 받았으며 신용 불량자였다. 그러나 원자력 병원의 의술로 목숨을 건졌고 그곳에서 개발한 건강식품과 화장품 판권을 얻어 인생의 새 출발 하는 시점이 되었다. 네트웍 사업자를 내려면 오랜 지인인 윤영선씨에게 부탁할 수밖에 없는 열악한 출발이었다.
윤영선씨 부인 명의로 사업을 시작하였지만, 지금은 1,500만 명의 회원과 2조 원의 매출로 무에서 유를 창조하여 성공신화를 이루었다.

 사람들은 누구나 건강하게 오래 살기를 원한다.
그리고 풍요로운 돈과 아름답고 예뻐지기를 바란다.
이럴 때 애터미를 만나는 것은 행운이다.
건강, 돈, 아름다움 이 3가지의 본능은 저절로 하늘에서 뚝 떨어지는 것이 아니라 어떠한 계기가 되었을 때 느끼고 터득하고 깨달아야 만이 마음이 동요되고 행동으로 이어진다. 행동이 습관이 되면 인생이 바뀌는 것이다. 무자본, 무점포, 포장이나 발송도 하지 않아도 되고, 핸드폰, 명함, 카달로그만 있으면 꿈은 이루어진다.

 앞으로는 120세 시대가 되므로 나이가 들어도 통장에 고정적인 수입이 들어와야 하는데 애터미가 바로 그런 회사이다.
만약 수명이 다하여 사망하게 되면 아내나 자녀에게 고스란히 양도된다니 이보다 더 좋은 상속이 없다.
병원에서 병명을 진단받으면 서점에 가서 그 병에 관한 책부터 사서 보듯이 애터미 사업자가 되기로 가입을 하였다면 세미나에 참석하여야 한다.
운동선수가 만 번 연습하면 금메달이지만, 연습 부족은 노메달이듯이 준비하고 알고 가면 남보다 더 빨리 터득이 되고, 실적을 올릴 수 있기 때문이다.

제2장 성공 사례

①성공 사례자 주 진완 씨는 고려대를 나와 제일 은행에 20년을 다니다가 애터미로 갈아타기 위하여 과감히 퇴직하였다. 지점장 연봉이 일억인데도 만족하지 못하였고 더 높은 꿈을 위하여 애터미 회원으로 가입하고 죽기 살기로 뛰었다. 그런 후 4년이 되자 7단계에서 최고직급 바로 아래인 6번째 CM 단장이 되어 월 4천만 원이 통장으로 들어왔다.
이제는 이사 갈 필요도 없게 되었다. 왜냐면 강남에서 전망이 제일 좋은 집에서 살기 때문이다. 이 모든 게 애터미 때문에 가능한 일이었다.

②하남에 사시는 신정자씨는 83세로 다이아몬드 마스터로 판매사 다음인 팀장이다. 팀장은 월 400에서 천만 원의 수입이 생긴다.
신정자씨는 나이가 많아서 손과 발이 저리고, 잘 넘어지고, 기억력도 없어져 지인이 추천해준 애터미 헤모힘

을 먹기 시작하였다.
그 후 점점 활기가 넘치더니 정신도 또렷해지기 시작하였는데 헤모힘을 추천했던 분이 회원가입을 해보라고 한 것이 계기가 되었다.
놀면 뭐 하나 하며 소일거리로 시작한 것이 이러한 영광의 자리까지 오게 되었다고 한다.
헤모힘을 먹으면서 애터미를 알게 되었고, 건강도 회복되고 수입도 생기니 백 살까지 애터미와 함께하겠다고 말한다.

③전업주부였던 43세인 회원은 월 천만 원을 벌어 월천댁이 되었다.
처음 시작한 2021년에 250만 원, 2022년 550만 원을 벌었고, 2023년 3천만 원 드디어 4년 만에 2024년 1억 5천만 원을 벌어 세 번째 직급인 샤론로즈 마스터 국장이 되었다.
어느 날, 친구가 '애터미 한번 해보지 않을래?' 하여 빈혈이 심했던 차에 헤모힘을 먹게 되었고, 가격이 저렴해서 부담이 없어 먹기 시작한 뒤로 건강을 되찾을 수 있었다.
꾸준히 먹은 덕분에 빈혈이 없어지니 가족들과 주변 지인들이 먼저 알아보았고, 애터미에 믿음이 갔다. 그래서 아무도 몰래 애터미가 어떤 데인지 알아보기 시작했다.

누구나 건강식품, 화장품, 생필품을 어차피 써야 하는데 싸고 좋으니 단골이 안 될 이유가 없었다.

그때부터 뒤도 옆도 돌아보지 않고 뛰어들었다. 시간이 남을 때는 아르바이트로 몸으로 때우는 홈쇼핑 포장일을 하였는데 애터미는 몸도 고달프지 않았고 수입도 몇십 배가 올라서 내가 살 길은 이거구나 하고 죽기 살기로 뛰어다녔다.
"수입이 늘어나니 아르바이트 다닐 때 타던 소형차도 중형차로 바뀌게 되더라고요. 애터미 사업은 어려울 게 없어요. 내가 쓰고 있는 칫솔 치약부터 솔직하게 사용 후기를 설명하면 돼요."라고 말한다.

 2025년 3월 28일과 29일 양일간 1박 2일로 속리산 포레스트 호텔에서 400여 명의 애터미 회원들이 석세스 아카데미에 참여하였다.
박한길 회장은 이날 깜짝 방문하셔서 인생 시나리오의 중요성을 강조하셨다. 속리산에서 쓰는 인생 시나리오는 애터미에 있어 각별한 의미였다며 속리산의 유스타운이 지금의 애터미를 만들었다고 하였고, 속리산 포레스트 호텔은 글로벌 유통의 허브 애터미를 만들어 가는 터전이 될 것이라고 말씀하셨다.

이날 한양대 유영만 교수는 강사로 나와 '백 년 기업 애터미'라는 주제로 강연하였다. 성공하는 기업의 7가지 성공요건으로 애터미 기업을 풀어냈다. 그가 정의하는 기업들의 성공요건은
① 존재 목적과 사명
② 정체성과 가치 공동체
③ 비전과 시각화
④ 과감한 도전과 학습
⑤ 헌신적 리더십 창조
⑥ 지속가능성 브랜딩
⑦ 공동체 기여와 헌신
애터미 존재의 목적과 사명은 고객의 건강과 행복 그리고 성공을 도와주는 라이프다. 또한 영혼을 소중히 여긴다는 믿음에 굳게 선다.라는 생각으로 경영한다. 애터미의 사훈은 바로 정체성과 가치 공동체 요건을 충족시킨다.

 세 번째 요건인 비전과 시각화 요건은 살며 사랑하며 배우며 공헌하는 삶이 대응하고 있으며 과감한 도전과 지속적 학습이라는 요건은 현재에 안주하지 않고 끊임없이 도전하는 것이다.
젖소 철학과 아기 철학을 바탕으로 고객 만족과 감동을 넘어 성공을 돕는 든든한 비즈니스 파트너로 자리매김

하는 것을 지속가능성 브랜딩이다.

 마지막으로 공동체 기여와 헌신은 애터미가 가장 잘하는 것인 사회 공헌이다.
유교수는 100년 기업으로 가는 성공의 길에는 도전과 꿈과 열정과 헌신이 있다고 말했다.

 첫날 저녁에는 김경숙 임페리얼 마스터가 어떻게 꿈꾸고 어떻게 이뤘는가에 대해 열정적으로 이야기하며 인생 시나리오의 유효성을 설명했다.
한상근 전무는 헤모힘에 대해 누구보다도 알기 쉽게 강연해 참석자들의 박수를 받았다.
이어서 박미영 크라운 마스터는 애터미 가치와 비전을 주제로 가슴 울리는 뜨거운 강의와 참석자 열 명의 인생 시나리오가 있었다.
1박 2일이 마치 한순간에 끝난 듯한 아쉬움을 뒤로 하고 마무리됐다.

 참석자들의 반응은 뜨거웠다. 400명의 작은 인원이 오붓하게 모여 인생 시나리오를 쓰는 시간이 좋았다며 성공으로 가는 길에 많은 도움이 됐다고 하였다. 또한 강의가 생동감 넘치고 편하고 아늑한 숙소에 감동받았다고 회원들은 하나같이 입을 모았다.

속리산 1박 2일은 매월 진행된다.

 4번째 최규정 임페리얼 마스터가 탄생하면서 내 꿈은 나와 가족과 파트너 들의 삶이 바뀌는 것이라고 입을 열었다.
여느 사업자들처럼 나도 오리탕 집에 재료납품 하다가 박정수 임페리얼마스터의 손에 이끌려 공주 세미나장에 왔다가 애터미가 시작되었다.

 전설의 17인 중 한 사람이 되기 전까지는 식당에 재료를 납품하는 데 한계를 느끼고 있었지만 그렇다고 애터미에 대한 큰 기대도 없었다. 그저 따뜻한 집에서 가족들 굶기지 않고 살 수 있다면 충분하였다. 그런 마음으로 애터미에 올인했더니 결과는 애터미 최고직급 임페리얼마스터가 되었다. 내 꿈은 나와 가족과 파트너들의 삶이 바뀌는 것이라며 회원들의 비빌 언덕이 되어주고 싶다.

 하던 일도 그만두었기 때문에 애터미 사업에 죽기 살기로 매진하였다. 식자재를 그만두면서 밀린 식자재 값을 다 정리하고 나니 중고차 한 대도 살 돈이 없어 렌트카로 전국을 누비고 다녔다.
한 달에 무려 만 킬로미터 이상을 다녀 엔진오일은 한

달에 한 번 갈아야 했고 타이어는 5개월에 한 번씩 갈아 끼워야 했다.
가족들은 그러다가는 쓰러진다고 걱정이 이만저만이 아니어서 한사코 말렸지만 통하지 않았다.

급기야는 반신마비가 왔지만, 다행히도 오래가지 않고 회복되어 또 죽어라 하며 전국을 돌아다녔다. 아니나 다를까 재발 되어 마비가 다시 찾아왔다.
하지만 잠깐만 쉬고 다시 전국 방방곡곡을 뛰었다.
그 당시 정상에 올라 성공을 맛본 사람이 없었으니 7등급 중 최고직급인 임페리얼마스터로 성공한다. 라는 확신이 서면서 강한 의지를 불태웠다.

최규정은 마지막으로 "그동안 하는 일마다 망하여 8번 망하고 9번째가 애터미였습니다. 그래서 8전 9기라 이번 이번에는 끝장을 보아야 한다고 결심을 했습니다. 모든 일은 저절로 되는 것은 없습니다. 여덟 번 실패로 시련과 고난은 제 인생을 성장시키는데 큰 교훈을 가르쳐주었습니다.
지금 다니고 있는 애터미가 자기처럼 망하면 안 된다는 생각으로 인생을 걸고 죽기 살기로 오로지 애터미에 미쳐 있었습니다. 회사가 망하면 꿈을 이룰 수가 없으며 말짱 도루묵이 되기 때문에 목마른 사람이 샘을 판다고 나보다 회사가 먼저 잘되어야 했습니다."라고 말했다. 애터미로서는 최규정 같은 인재가 있었기에 승승장구하는 것이다.

 기업은 한 사람의 인재를 잘 만나면 천명의 가족을 먹여 살린다고 하듯이 사업은 곧 사람이다.

네트워크에서 1인 사업자가 성공하려면
①열정이 샘솟아야 한다.
②용기가 남달라야 한다.
③책임감이 있어야 한다.
④부지런해야 한다.
⑤따뜻하고 겸손해야 한다.
⑥인사성이 깍듯해야 한다.
⑦믿음을 주는 신뢰성이 있어야 한다.
⑧창의력이 있어야 한다.
⑨세미나 참석 등 공부를 계속해야 한다.
⑩끊임없이 도전해야 한다.

 성공하는 사람은 남과 다르다. 남과 같아서는 정상에 오를 수가 없다.라는 게 만고의 진리며 불변이다.
최규정 임페리얼같이 하면 정상에 오르지 않을 수가 없다.

감나무 밑에서 입만 벌리고 있다고 감이 입속으로 들어오지는 않는다. 두 발로 가장 많이 뛴 사람의 보상 대가는 반드시 돌아온다.

　최규정은 네트워크가 처음이었다. 하지만 모든 사람은 개인에 따라 적성에 잘 맞는 일을 하여야 능률이 오르듯이 물 만난 고기처럼 애터미와 궁합이 잘 맞았다.
제품을 접해보니 얼마든지 팔 수 있겠다는 자신감이 있었다. 그동안 영업만 해왔기 때문에 상품을 판단하는 안목도 있었다.

　애터미 사업은 혼자서만 하기에는 한계가 있어서 제심합력(齊心合力)이 있어야 한다.
초대 이승만 대통령의 연설에서 유래한 제심합력(齊心合力)이란 국민이 한마음 한뜻으로 힘을 합친다는 뜻으로 뭉치면 살고 흩어지면 죽는다는 말이다.
애터미 기업에서도 제심합력에 대해서 가르치며 강조하고 있다.

　최규정은 익산에 망해가는 오리집에서 만났던 사람들 때문에 제심합력의 중요성을 깨닫게 되었다.
오리탕 집 운영은 혼자 하는데 애터미 사업은 서로 경쟁자가 아니라 협력자들이다. 파트너가 성공해야 내가 성공하고 내가 성공해야 스폰서도 성공한다.
애터미의 이런 정신이 희망을 잃어버린 사람들이 다시 용기를 가질 수 있다.

"애터미를 하면서 가장감격스러웠던 순간은 다섯 번째 직급인 로열마스터를 달성했을 때다. 더이상 가족의 생계에 대해 걱정을 하지 않아도 됐기 때문이다. 6번째 크라운 마스터가 되고 7번째 임페리얼 정상 직급이 되었을 때의 기쁨은 자신의 결정이 옳았음을 확인하는 것이었다. 월세 내는 날이 돌아오면 가슴 조이며 주인 눈치를 볼 필요도 없었다. 이제는 800평의 널찍한 대지에 익산 시내가 다 내려다보이는 언덕 위에 마당이 있는 단독 주택에서 누구 눈치도 보지 않고 내 마음대로 마음 편히 살 수가 있으니 이제는 여한이 없다.

 사업을 한답시고 시골 고향 집까지 팔아먹고 말았다. 그 고향 집에 대한 그리움과 미안함이 있어 같은 고향에서 이 집을 만들게 된 것이다. 이제는 파트너들이 자신과 같은 꿈을 이룰 수 있도록 돕는 것이다. 수없이 장사를 망하면서 누가 나에게 조언이나 격려나 조금의 도움만 받을 수 있었다면 언덕이 되어 다시 일어설 수 있을 것만 같았다. 그런 것이 굉장히 아쉬웠다. 그래서 우리 파트너들에게 언덕이 되어 주고 싶다. 소도 언덕이 있어야 비빈다고 비빌 언덕이 있으면 어려운 고비를 넘겨 임페리얼이 되게 해주고 싶다."라며 마지막으로 연설을 마쳤다.

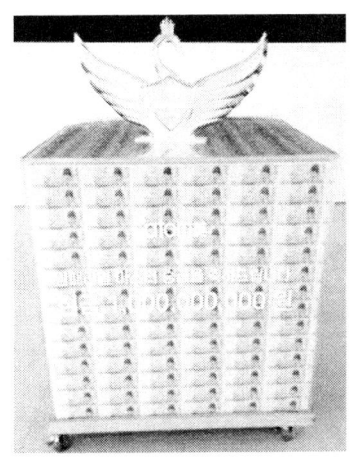

최고 직급 임페리얼 마스터 상금 10억과 트로피

제3장 효자상품 '헤모힘'

 애터미 대표상품 헤모힘은 한마디로 요약하자면 면역력의 황제다.

 헤모힘은 한국 원자력연구원이 국가 예산 50억 원을 투입하여 개발한 면역기능 개선 건강기능식품으로 100세까지 누구나 섭취할 수 있다.
15명의 박사 및 의사급 연구진이 8년에 걸쳐 연구한 결과물이다.

 면역력이란 외부에서 침입하는 바이러스, 세균, 독소 등 유해 한 물질로부터 몸을 보호하는 능력을 말한다. 외부에서 들어오는 온갖 병균이 입과 코, 피부 점막과 몸속으로 침투해 오면 가래와 재채기가 병균을 차단한다.

 면역력이 약한 사람은 감기나 잔병치레를 잘 하고 상

처나 염증이 잘 낫지 않으며 심지어 불임도 면역력과 깊은 관련이 있다. 면역력이 강한 사람은 마스크를 쓰지 않았는데도 코로나에 걸리지도 않고 피부가 맑고 트러블이 적으며 피부병을 모르고 산다. 그래서 면역력이 강하다는 것은 신체적으로 건강하여 치아, 귀, 오장육부에 아무런 증상이 없이 건강하게 잘 사는 것을 말한다.

면역력이 강하면 강력한 질병이 오더라도 살짝 왔다가 가벼운 치료에도 빨리 낫지만, 면역력이 약하면 가벼운 질병에도 병상에 눕거나 사망에 이르기도 한다. 같은 병이라도 한 달 이상 가는 사람이 있는가 하면 3일만 콜록거리다 멀쩡한 사람이 있는 것은 개인적으로 면역기능이 다르기 때문이다.
면역력이 강했던 사람도 한순간에 무너져 방어벽을 뚫고 체내에 들어와 인플루엔자로 고생하므로 늘 조심해야 한다.

사람은 출생부터 만9세까지와 50세 이후부터 면역기능이 떨어진다.
자동차도 오래 굴리면 고장이 잦듯이 사람도 오장육부와 장기를 오래 쓰면 낡아져서 면역기능도 떨어질 수밖에 없다. 그러므로 젊은 사람보다 나이 든 사람일수록 면역력이 약한 것이다.

강한 면역력은 질병을 비켜 간다거나 역병을 면한다고 말한다.
이 말이 얼마나 면역이 중요한지를 말해주는 것이다.
도둑맞지 않으려면 문단속을 잘해야 하듯이 우리 몸에 병은 예방이 되어야 걸리지 않으므로 그 첫 번째가 면역력을 키우는 것이다.

 우리 몸에는 하루에 5천여 개의 암세포가 생성된다. 그럼에도 모두가 암에 걸리지 않는 것은 암세포에 신속하게 대응하여 제거하기 때문이다.
면역계에 이상이 있거나 작동하지 않을 때 암세포는 영역을 확장해 가며 신체 각 부위를 잠식해간다.

 면역력이 약하면 암, 감기, 폐렴, 기관지염, 방광염 등 각종 질병 발생률이 높아진다. 머리끝부터 발끝까지 면역력이 미치지 않는 곳이 없다고 하여도 과언이 아니다.
봄철 꽃가루 알레르기나 원형탈모까지도 면역력에 해당한다. 그렇지만 복숭아 알레르기, 당근 알레르기, 대머리는 유전에 가까울 수 있다.
예방 주사도 면역력을 높여 전염병에 걸리지 않게 높여주는 백신 접종이다.

그러면 질병을 예방하고 순조롭게 치유할 수 있도록 면역력을 높이려면 어떻게 하여야 하나?
만병에 근원인 스트레스를 받지 말아야 한다.
스트레스를 받지 않는 사람은 없지만 떨쳐내어야 한다.
근심, 걱정, 고민, 불안, 초조, 조바심, 앙심, 질투, 다툼, 미움, 욕심 이런 것들을 자제하며 의도적으로 피하여야 한다.
스트레스를 푼다고 술을 마시는 것보다 산책하며 음악을 듣거나 독서를 하는 것이 좋다.

체온을 높여 주는 것이 중요하다. 멋을 낸다거나 날씬하게 하려고 겨울인데도 내복도 안 입고 미니스커트에 배꼽티는 당장에는 모르지만, 불임과 여성 병을 달고 살게 된다.
그래서 음식도 따뜻한 음식을 먹어야 하며 냉수, 냉차, 빙수, 냉수욕은 체온을 떨어트려 면역력이 약화 된다.

스트레스 체온 다음에는 수면과 영양, 운동이다.
90이 넘어도 끊임없이 활동하는 사람은 면역력도 강하다.
건강은 예방이 첫째라는 것을 잘 알기에 면역이 그에 대한 답으로 돌아온다.
스트레스를 비켜 가고, 체온을 늘 높이고, 8시간 이상

낮잠까지 9시간을 숙면하고, 규칙적인 식사로 골고루 먹고 활동하며 5천 보 이상 걷는다.
그리고 면역력을 높이기 위해 애터미의 헤모힘을 섭취한다.

 나이 든 분들은 입으로는 건강이 최고라고는 하지만 어떻게 해야 약도 먹는 게 없이 120세까지 두 다리로 걸어 다닐 수 있는지 모른다.
그 이유는 독선적인 마음의 문이 닫혀있어 건강세미나 참석이나 건강 서적을 보지 않아도 다 안다는 안일한 생각 때문이다.
바로 이런 것이 아무것도 하는 일 없이 인생을 낭비하며 노년을 아깝게 보내는 일이다.

 전국민에게 건강 설문 조사를 하였더니 질병 예방을 위하여 건강식품을 섭취하고 있다는 응답이 35%뿐 이었다.
오히려 젊은 사람이 노인들보다 더 많았다.
노인 중에는 홍삼이 무엇인지 80이 넘도록 한 번도 구경 못 해본 사람이 수두룩 한데 헤모힘은 더 말할 것도 없다.

 앞으로 헤모힘 시장은 무한대로 보여진다.

필자가 일본에서 현지 법인 '생보석' 사업 시 일본인들 90%가 건강식품을 섭취하였고 그래서 세계 장수국 1위가 일본이었다.
건강식품의 섭취는 건강악화를 사전에 방지하기 위해 관리 하는 것이다. 나이가 들수록 면역력이 떨어져 질병에 취약한데도 그 이치를 깨닫지 못한다.
건강식품 섭취, 규칙적인 좋은 생활습관, 충분한 수면, 적당한 운동, 고른 영양섭취는 면역 관리의 기본이다
헤모힘 같은 건강식품은 한 번만 섭취하는 것이 아니라 꾸준히 섭취해야 한다.
지금보다 건강한 미래를 위해 준비해야 지혜로운 사람이다.

 소화력이 약한 노인은 음식만으로는 충분한 영양섭취가 어려워 비타민, 미네랄, 단백질 등의 보충이 필요해 건강보조 식품을 섭취해야 한다.
그러려면 장기에 부합하는 제품을 선택해야지 건강기능식품은 치료제 약이 아니다.
약으로 오인하고 몇 번 복용하였는데도 효과가 없다고 불만을 터트리는 노인들이 많다. 꾸준히 섭취해야 효능이 나오는데도 조급함 때문에 분통을 터트리고 만다.

 신체의 정상적인 기능을 도모하거나 생리 기능 활성화

를 통해 건강을 유지 또는 개선하는데 의미가 있다.
그러므로 질병 발생 위험 감소 기능, 생리 활성 기능, 영양소 기능으로 구분된다. 건강식품 섭취는 질병의 발생 건강 상태에 위험을 낮춘다.
애터미에는 수백 종의 건강식품과 화장품 생활용품이 있지만, 회원들은 헤모힘부터 섭취해보고 헤모힘이 얼만큼 좋은지 알게 되어 자신감이 생겼다고 말한다.

 필자가 자수정출판사를 운영하면서 부업으로 자수정 홈쇼핑에서 신문광고로 건강기능 식품을 판매하였다. TM(텔레마케터) 여직원이 30여 명 있었는데 교육 시 고객이 가장 많이 원하는 게 남성은 정력제, 여성은 예뻐지는 화장품이나 미용기구라고 말했다.
할아버지들은 다리가 부들부들 떨리면서도 사무실까지 간신이 찾아와 남성 발기 기구를 실험해보고 구매하겠다고 떼를 쓰기도 한다.

 여기는 홈쇼핑이라 오시는 데가 아니라는 데도 막무가내였다. 그렇다고 노망난 할아버지가 아니라 남자의 본능으로 죽는 관 앞에서도 여자 생각이 난다는 것을 말해주는 솔직한 행동이다.
지금 같으면 다리에 힘이 풀려 후들거리는 할아버지에게 몸이 우선 회춘 되셔야 하므로 건강기능 식품을 추천해 드렸을 것이다.

 앞으로는 30만 명의 고객과 독자 그리고 홈쇼핑 구매자들에게만 본 서적을 발송하여 애터미를 알리고 헤모힘을 추천해 드리려고 한다.
그동안 잘 몰랐던 분들에게 회원가입 하는 방법을 알려드리고, 헤모힘뿐만 아니라 생활용품도 꾸준히 사용하실 수 있게 도와드리려고 한다.

 헤모힘은 면역기능 개선인 건강식품으로는 국내 1호다. 1997년 국가기관인 한국원자력 연구소에서 연구하였지만, 상품은 만드는 것보다 판매가 중요한데 판매가 저조 하자 박한길 회장이 독점으로 인수하여 몇백만 개가 소비자 손에 넘어가고부터 빛을 보기 시작하였다.

 면역기능 개선에 도움 된다는 걸 확신하여 과대광고 없이 겸손한 자세로 판매하였고 그 결과 그 효능은 체험해본 사람만이 알 수가 있기에 지금까지 꾸준히 히트한 제품이다.
어느 광고 카피에 '남자에게 참 좋은데 말할 수가 없네.'처럼 헤모힘도 마찬가지로 생식기능과 정력에 말할 수 없는 만족을 느낄거라고 생각한다.

한국원자력 연구원은 의사들이 암을 연구하는 국과 기관이다.
발명은 필요에 의하여 탄생 되듯이 조성기 박사는 암을 이기려면 면역력이라는 걸 알고 연구하였다.
그는 약골로 태어나 질병으로 죽을 고비를 여러 차례 넘겼고 잔병치레는 달고 살았다. 고3 때는 수술까지 받게 되어 성적이 떨어져 '왜 나는 자주 아플까?'라는 생각을 하게 되었고 그 후 질병에 대한 관심을 갖고 서울대 미생물학과에 진학했다.

 1970년 신대륙을 발견하듯 면역학을 정립하여 1982년 군 제대 후 한국원자력 연구소에 입소하였다.
조성기 원자력 소장과 면역학이 붐을 일으키면서 제품 하나를 만들고 싶다는 욕구가 샘솟았다. 그래서 조성기 소장은 윤택구 박사와 합류 하여 연구에 몰입하였다.

 원자력 하면 원자폭탄이 떠올라 무서운데 방사선 의학의 연구와 첨단 원자력 의학기술을 상징화하여 붙여진 이름이다. 그만큼 암 연구와 면역연구에 전문인 병원이다. 암 환자들이 방사선으로 항암치료를 받고 나면 녹초가 되어 먹으면 모두 다 토하고 머리는 다 **빠져** 흉하게 되고 몸은 **뼈**만 남아 항암치료 방사선 말만 들어도 몸서리친다. 그래서 면역력 제품이 시급하다고 판단하였다.

 환자들이 암으로 그냥 사망하는 것보다 항암치료 받는 걸 더 고통스러워하는 이유는 방사선을 쪼여 암세포를 죽이고 주변으로 암세포가 옮기는 것을 막으며 그 과정에서 정상 세포도 손상시킬 수 있기 때문이다.
이 과정에서 여러 가지 부작용으로 환자들이 고통스러워하고 무엇보다도 암 환자가 많아지는 원인은 면역력 때문으로 면역력만 강하면 무병장수할 수 있다.
그래서 미리 면역력을 관리하는 것이 중요하다고 판단하여 연구 개발된 것이 '헤모힘'이다.

 국가기관이 10여 년에 걸쳐 심혈을 기울여 탄생한 헤모힘은 33종의 식물추출물로 만들어진 제품이다. 미국, 일본, 영국, 프랑스, 독일, 이탈리아까지 선진국에서도 국제특허를 받은 제품으로 기력이 좋아져 남성 스테미너도 살아난다.

 보혈(補血)은 피를 보충하고, 보기(補氣)는 기운을 북돋아 둘이 상호 보완해야 면역력이 강화된다.
옛 양반들은 생약 효과가 있다고 하여 혈과 기를 보호하기 위해 사물탕, 사군자탕, 십전대보탕, 구비탕, 보증익기탕, 삼령백출산, 허브 등을 정성스럽게 달여먹었다.

연구팀이 문헌이나 논문자료에 근거하여 먹기 편하게 만든 것이 바로 헤모힘이다.

 이렇게 좋은 보약 중의 보약 같은 명품 건강기능 식품이라 하여도 소비자가 안 알아주면 종이호랑이만도 못하다.
그래서 만드는 사람은 만들고 파는 사람은 팔아야 한다. 아무나 만들고 아무나 파는 것이 아니다.
원자력 연구진이 각고 끝에 만들어 샴페인을 터트렸지만, 신문광고를 내보면서 실망하였다. 하루종일 겨우 세 통의 문의만 오고 종 쳤기 때문이다.
사람도 때를 잘 만나거나 사람을 잘 만나야 운이 트이듯이 제품도 어느 때에 어떤 임자를 만나서 제대로 빛을 보느냐가 중요하다.

 면역학문은 참으로 오묘하므로 인류가 모두 다 밝혀내기란 어려울 것이다.
인간은 수억 명이 있어도 얼굴이 제각기 다르듯이 성격도 다르고 인체에 미치는 저항력도 다르다.
그러나 애터미 헤모힘은 인종이 다른 해외에서도 인정받아 기대 이상의 인기를 얻고 있다. 인종이 달라도 면역력에 탁월하며 가격(60포 두 달분 88,000원)이 저렴해 계속해서 판매되고 있다.

다른 경쟁업체에 이런 독점 아이템이 있었다면 소비자에게 백만 원 이상 눈탱이를 치거나 배짱부렸을 것이다.

 세계 제일 부자인 미국에서 헤모힘이 소비자들로부터 인정받아 불티나게 팔려 나갔다면 호랑이에게 날개를 달아준 턱이다.
우리나라 국민도 일찍 헤모힘을 알았더라면 질병에 걸리는 환자가 훨씬 줄었을 텐데 안타까운 실정이다.
미국과 유럽에서 인기가 끊이질 않자 러시아와 중국에서도 관심을 보여 헤모힘의 매출이 2조 원에 이르렀다.

 맛없는 음식점이 파리만 날리는 것은 장사가 안되면 무슨 문제가 있는지 자아 반성을 해야 하는 데 시국이 어려워서 손님이 없다고만 생각하지 맛이 없다고 생각하지 않는다.
그렇듯 사람들은 품질에 대해 예민하므로 품질이 나쁘면 매출 상승은 있을 수 없는 일이다.

 해외시장에서 헤모힘을 연구한 조 박사에게 어떻게 이런 좋은 제품을 만들었냐고 물으면 조 박사는 대답한다.
허약하게 자란 내가 면역 분야만을 연구한 게 운이 좋

앉다며 운때가 잘 맞은 것 같다고 겸손함을 잊지 않는다. 마치 갑부에게 부자가 된 비결이 뭐냐고 물으면 우리 아버지가 가난했기 때문이라는 이치와 같았다.

애터미에서 헤모힘을 판매하기 시작한 것은 지금으로부터 16년 전인 2009년부터이다. 그 후 2년 국내에서만 천억 원이 넘는 매출을 올렸다.
소비자를 사로잡을 수 있었던 원인은 품질과 가격, 네트워크 조직, 판매기술 때문이다. 이렇게 3박자가 맞아떨어지게 이끌어온 것은 두말할 나위가 없이 박한길 회장의 경영학 박사다운 리더쉽이다.

조선시대 뛰어난 인삼장사 임상욱처럼 타고난 거상 박한길 회장에게 헤모힘이 눈에 띄었기 때문에 베스트셀러가 되고 효자상품이 될 수 있었다.
제품을 만든 연구진이 판매한 것은 초라하게도 모두 500상자도 채 되지 않았다. 이 정도면 생존이 걸려 있어 곧 문을 닫아야 할 형편이었다.
그래서 안 팔리는 물건은 통상 위탁판매를 하는 경우가 많은데 제품을 만들고 판매하는 데에는 각자의 전문분야가 있기 마련이다.

장사꾼들 몇 명에게 외상으로 위탁판매하였으나 마찬

가지였다.
팔리면 좋고 안 팔리면 말고 돈 주고 사는 게 아니니 판매에 머리를 쓰지 않으면 프로가 아니다.
그렇게 의학박사들이 심혈을 기울여 어렵게 명품으로 만들어낸 헤모힘이 주워온 자식처럼 버림받으니 기가 막혔다.
이제는 마지막으로 제품 모두가 사장될 판이었다.

이때 애터미가 창립한 지 3년쯤 되었을 때 박한길 회장이 우연히 TV에서 헤모힘 뉴스를 보고는 귀가 번쩍 뜨였다.
한국원자력 연구소에서 개발한 그 좋은 제품이 판로 개척을 못 해 사장될 위기에 처해 있다는 것을 보고는 '내가 한번 팔아 볼까!'라는 생각이 들었다. 누구보다도 파는 데는 자신이 있었다.
사람마다 특기가 따로 있어 거상 박한길의 눈에는 예사롭지 않아 보였다.

초등학교 시절 장래 희망이 뭔지 적어 내라고 했을 때 다른 친구들은 대통령이나 축구선수 아니면 버스운전사를 써냈는데 박한길은 장사꾼이라고 써냈을 정도로 장사에 진심이었다. 하지만 담임 선생님은 장난질을 한다며 핀잔을 하셨다. 할머니로부터 아버지가 일본과 중국을 다니며 장사하여 큰돈을 벌었다는 무용담을 들으며 커왔기 때문에 박한길도 세계를 누비는 큰 장사꾼이 되는 것이 꿈이었다.

 애터미를 설립하기 전에는 온라인 쇼핑몰을 창업하기도 하였다.
앞으로는 반드시 온라인유통이 대세가 될 것이라 확신하였기 때문이다.
2000년도에 시대를 너무 앞서가다 실패하여 신용 불량자가 되었지만, 그 당시 44세라는 나이가 아직은 젊다라고 여기고 오뚝이처럼 다시 일어섰다.
실패하지 않고 탄탄대로만 걸어온 거상은 없다.
실패의 시련과 곤경은 거상이 되기 위한 자양분이 될 뿐만 아니라 인간을 더욱 성숙하고 성장하게 만든다.
건강하고 용기를 잃지 않으면 기회는 반드시 찾아온다는 명언을 항상 염두에 두고 좌우명으로 삼으며 살았는데 바야흐로 헤모힘이 제 발로 성큼 찾아왔다.

 그러나 사업 실패에 신용 불량자에 간경화로 시한부 인생인 상황에서 판매에 대한 열정이 넘쳤던 것은 헤모힘 자체가 물건이었기 때문이다.
사람도 첫눈에 반하는 사람이 있듯이 헤모힘도 첫눈에 반하였다. 이렇게 반할만한 상품이라면 얼마든지 히트

시킬 자신이 있었다.
그 즉시 박 회장은 한국원자력 연구소장인 장인순 박사를 찾았다.

장 박사는 생산처인 김치봉 대표를 소개해주었다. 그리고 드디어 2009년 6월 상품공급 계약을 맺었다.
500상자도 팔리지 않았던 원인이 분명 있었다. 장사할 줄 모르기도 하였고, 가격이 너무나 고가였다.
60포 한박스 한 달 분이 77만 원이라니 소비자들은 부담스러워 외면하였다. 이렇게 고가인 것을 두 달분에 88,000원으로 인하하니 불티가 나기 시작하였다.

이쯤 되니 말기 암으로 시한부 인생을 사는 이상 물에 빠진 사람 지푸라기라도 붙잡는 심정으로 마지막 힘을 다했다.
겨우 5백 박스만 팔 수는 없어 박한길 회장은 헤모힘 가격을 10분에 1수준인 7만 원대로 인하하겠다고 과감하게 결정하였다.
하지만 애터미 내부에서부터 반대 의견이 쏟아져 나왔다. 그렇게까지 가격을 내릴 필요가 없고, 기존에 반값인 35만 원으로 하여도 무난할 상품이라는 의견들이었다.

제품의 우수성과 어디에도 없는 기술력에 대한 자부심이 담겨 있었고, 또한 원자력 의사들이 연구한 제품이라는 신뢰성 때문에 브랜드 가치가 높다고 판단하였지만 이렇게 귀한 제품을 우리 스스로 가격을 깎아내린다면 제품품질까지도 싼 게 비지떡이라는 이미지로 비칠까 봐 염려되었다.
그러나 박회장은 요지부동이었다.

결국은 김치봉 대표를 만나 담판을 지었다.
두 달분 88,000원에 판매할 수 있도록 공급조정을 해달라고 하니 듣자마자 불가능하다고 안된다고 펄쩍 뛰었다. 할 수 없이 박한길 사장은 비장의 무기를 꺼내 들었다.
주문 시마다 10만 박스씩 발주하데 입고 즉시 약속어음이 아니고 현금 결제하겠다고 하니 그때 서야 단가 조정을 해보겠다는 답을 들었다.

품질은 우수하게 그대로 유지하되 대량 생산을 하면 원가는 엄청나게 절감되는 게 제조 업자들이 가장 바라는 생산 원리다.
품질이 좋다고 비싸게 파는 것은 누구나 할 수가 있다. 그러니 유럽의 명품 가방도 소량으로 제작해서 한정판매하여 터무니없는 가격인 수천만 원을 호가하는 것이다. 만약 가방을 하루에 몇십 개 만들다가 몇천 개씩 만들면 그 가방 역시 10분의 1 이하로 떨어질 것이다. 이것이 장사의 이치이다.

 박회장은 좋은 제품이지만 누구나 접근성이 가능한 저렴한 가격으로 박리다매하는 것이 상품을 알리는 좋은 기회라는 생각이 들었다.
떴다방처럼 반짝 판매가 아닌 미래의 비전을 보고 10년, 20년, 30년 이상을 내다보면서 사업하려면 제품이 좋아야 한다. 그래서 애터미 하면 품질 좋고 저렴해 믿음이 가는 회사로 소비자들에게 인식이 되어야 한다는 경영철학이었다.

 박한길 회장의 경영철학은 적중했고 헤모힘은 없어서 못 팔 지경이었다. 공장에서는 밤새워 24시간을 가동해 만들어도 한강에 돌 던지기로 그 많은 제품 박스가 어디로 갔는지 하나도 보이질 않았다.
이럴 때가 사업에 묘미로 피곤한 줄 모르고 밤을 설치게 된다.
박회장은 사업이 잘 되니 더 열정적으로 덤벼들어 마른 수건을 쥐어짜듯이 원가 절감을 더 하여 포수를 늘리는 데 안간힘을 썼다.

가격적인 메리트가 더해지면서 판매량은 기하급수적으로 늘어나 생산 물량은 폭발적이었다. 건강식품 중 헤모힘보다 더 판매된 제품은 국내에서는 찾아볼 수가 없었다.
각고의 노력 끝에 헤모힘은 2014년 5년 만에 천억 판매를 돌입했고, 2022년에는 2조 원에 매출로 이어졌다. 눈에 보이는 경쟁자는 경쟁자가 아니다. 눈에 당장 보이지 않는 경쟁자가 진짜 경쟁자다. 잠재적인 경쟁자와 숨어있는 경쟁자까지 감히 넘볼 수 없는 초월적인 가격으로 승부를 걸은 게 애터미를 우뚝 일으켜 세우는 원동력이 되었다.

 박한길 회장은 마음이 정직하기 때문에 꿈이 있었고, 양심적이기 때문에 사회에 기여 하는 바가 크다.
박회장은 건강식품 헤모힘으로 대한민국 국민을 건강하게 만들었고 전 세계 사람에게도 건강을 지키게 하였다.
글로벌대표 건강식품이 되려면 품질은 물론 가격이 저렴하여야 한다. 그래야 접근성이 좋아 부담 없이 지갑을 열게 된다. 가격이 고가이면 누구도 지갑을 쉽게 열지 않는다.

제4장 필자의 생각

 처음으로 간 세미나에서 4시간 강의 들은 것으로는 자료가 충분치 않지만, 인터넷을 검색해 가면서 소책자를 집필하는 데 일주일밖에 걸리지 않았다.

 우선 인쇄가 나오면
박한길 회장님, 윤용순 대표님, 윤영성 목사님, 전무님
임직원께 10부 드리고,
검품을 받은 후 1차로 3,000부 발행할 예정이다.

 몇몇 분께 사전 전화를 해보았더니 애터미가 무어냐고 질문하는 분
또 애터미는 들어보았는데 무엇 하는 곳이냐는 분
애터미는 알지만, 아무것도 사본 적은 없다는 분으로 보아 아직 황무지인 시장개척은 이제부터라는 생각이 든다.

필자의 자서전 1권에서 책 제목을 <천태만상>이라 정했듯이 황무지를 개척하려면 천태만상의 인간들을 다 겪어 봐야 한다.
세계 인구의 얼굴이 다 각각 다르듯이 성격 또한 다르므로 마땅치 않거나 비위에 거슬리는 사람이 있어도 타고넘어야 한다.
지는 것이 곧 이기는 거라는 이치를 깨닫게 되면 영업을 성공으로 이끄는 인격을 갖추는 것이다.

  옛말에 장사꾼 똥은 개도 안 먹는다는 말이 있다. 즉 이 꼴 저 꼴 별꼴 다 보고 나면 꼴값 떠는 게 보기 싫다. 그러니 속이 터져서 똥까지 시커멓게 타기 때문에 맛이 없으니 개도 안 먹는다는 거다. 그만큼 장사를 하려면 힘이 든다는 뜻에서 생각의 그릇은 크고 속은 넓게 참는 인성을 길러야 거상의 자질이다.

  우리 동네에 '총각네 과일'이라는 장사가 잘 안되는 가게가 있었다. 가격도 슈퍼보다 비싸면서 손님이 "슈퍼보다 비싸네요. 주세요."라고 하면 그냥 팔면 되는데 "아줌마한테는 안 팔아요. 거기 가서 사세요." 하면서 얼굴을 붉으락 댄다.

  이런 총각은 장사에 자질이 없다.

그전에는 약혼녀가 총각과 같이 나왔었는데 번번이 손님에게 부르르 성질 떠는 것을 보고는 아니다 싶었는지 언제부터인가 약혼자가 보이지 않았다.

그러던 중 한집 건너에 과일 가게가 새로 들어서니까 총각네는 개미 새끼 한 마리 가질 않고 파리만 날리더니 어느 날부터 문을 걸어 잠그고는 그 이후로 보이지 않았다. 성질머리가 인생을 망친 꼴이 된 것이다.
애터미 사업으로 성공하려면 과일 가게 총각 같은 성질머리면 안 된다. 그릇이 그렇게 작으면 결혼도 실패, 사업도 실패, 머지않아 건강도 실패하게 된다.

장사도 인성을 갖춘 사람에게 어울리는 일이다.
돈보다 사람을 먼저 생각하고, 화를 내기보다는 이해하고, 손해를 보더라도 신뢰를 주는 사람이 결국 오래가고 크게 된다.
장사는 잔재주보다 인내, 진심, 신뢰가 밑바탕이다.

포악한 사자는 12년 밖에는 못 살지만 느긋한 거북이는 200년을 사는 것만 보아도 사람의 성질머리가 인생을 좌우한다고 해도 과언이 아니다.
장사를 하려면 이 꼴 저 꼴 별꼴 다 보는 게 장사인데 그런 꼴이 싫다면 총각네처럼 장사를 접어야 한다.

장사는 물건만 파는 일이 아니라 사람을 상대하는 일이고, 사람을 상대하다 보면 억울하고 속상한 일도 당연히 생기는 법이다. 그런 걸 견디지 못하면 마음이 무너지고, 마음이 무너지면 장사는 오래 못 간다.
식물은 큰 나무 밑에서는 그늘 때문에 자라지 못하지만, 사람은 큰 거목인 사람 밑에 있어야 덕을 보게 된다.

 찬스를 잡을 수 있는 혜안과 용기를 가진 사람은 기회를 잡지만, 주저하고 용기가 없는 사람에게는 기회가 날아간다.
큰 기회는 자주 오는 것이 아니다.
축구선수가 골대 앞에서 찬스가 왔을 때 골인을 시키면 영웅이 되지만, 헛발질하는 순간 비난과 조롱의 대상이 되고 만다. 찰나의 순간에 운명이 갈리는 것이다.

 애터미가 내 인생의 행운으로 팔자를 고칠 수 있다고 느끼는 사람은 가슴이 뜨거워져 꿈을 이루지만, 한 귀로 듣고 한 귀로 흘려보내는 마이동풍인 사람은 찬스 앞에서 발조차 떼지 못해 아무것도 이루지 못한다.

 나이가 들어도 건강이 최고라는 것은 누구나 안다. 하지만 건강을 유지하고 지키는 일은 노력하지 않고서는 힘들다. 건강하게 장수를 하려면 첫째 고인 물은 썩고 흐르는 물은 맑듯이 늘 움직여야 한다.

일이 없으면 그냥 운동하기가 어렵다. 그러므로 노년에 움직이기에 가장 적합한 것이 애터미 사업이다. 매일 사람을 만나러 가야 하니 걸어야 하고, 여러 사람과 대화하니 기도 충전되고 외롭지 않다. 또 이렇게 움직이면서 실적을 올리려고 머리를 쓰니 치매 걱정도 없다. 거기에다 돈이 들어오니 영양가 있는 음식과 건강보조식품만 먹게 되어 몸은 더욱 좋아질 수밖에 없다.

나이가 들수록 밝은 옷으로 잘 입고, 잘 먹고, 매일 움직이면 120세까지 두 발로 걷다가 편안하게 쉬러 갈 수 있다.

애터미는 신용 불량자나 백수로 지내거나, 지금 하는 일이 빈약하여 비전이 안 보이거나, 정년퇴직 후 빈둥빈둥 밥만 축내거나, 집안 살림만 하여 남는 시간이 무료할 때 애터미가 적격이다.

'에이 그런걸'하고 무시하거나 비전을 이야기해도 별천지 이야기라며 소귀에 경 읽는 벽창호와 가까이하면 오히려 용기를 잃게 되어 이런 사람은 경계해야 한다.

손에 쥐여줘도 모르는 사람을 설득하는 것은 돌부처에게 말하게 하는 것보다 더 힘들고 흑인을 백인으로 만드는 것처럼 어렵다.

세일즈는 거절로부터라고 거절하는 사람은 잠재 고객으로 남겨두고 설득할 시간에 여러 사람을 만나는 것이 사업의 첫걸음이다.
세일즈 사업은 맨몸으로 상품을 판매하는 것이기 때문에 자신의 인격을 파는 것과 같다. 그래서 단정한 복장, 친절한 말투, 넘치는 매너, 진정성 있는 스피치를 갖춘 사람에게 고객이 몰려온다.
미소가 없고 차디찬 사람이 사람을 대하는 일을 하면 부정적인 인상을 주어 신뢰감이 생기지 않는다. 이런 사람은 실내에서 고객을 응대하지 않고 혼자 하는 일을 해야 한다.

　필자와 같은 나이의 바이든 전 미국 대통령은 전립선암 말기로 뼈까지 전이되어 뼈가 새까맣고 치매까지 왔으며 삼성그룹 이건희 회장은 수십조 원의 재산을 남기고 세상과 작별한 지 오래되었고, 날아가는 새도 떨어뜨린다는 권력을 가진 북한의 김정일도 가족력인 심혈관 질환 뇌졸중으로 한참 전에 세상을 떠났다. 잘 먹고 움직임이 적었기 때문이다.
필자와 같은 나이의 사람들은 이미 다 가고 없어도 젊은이 못지않게 애터미 사업에 도전하고 비전있는 글만 연속으로 집필하려고 한다.

애터미에 가입하고 싶어서 애터미 가입하는 곳을 인터넷으로 찾아보았더니 이곳저곳 강의하는 데까지 수도 없이 많았다.
그중에서 왠지 한 곳에 마음이 꽂혀 콜을 하니 신호는 가는데 받지를 않았다. 다른 데를 해볼까 하다가 다시 한번 더 해보니 또 받질 않았다.
삼세번이라고 이번에도 안 되면 가입 문의하라는 데는 많으니 다른 데로 해보려는데, 입력이 안 된 콜이 오기에 책을 본 독자인가 하고 폰을 터치하여 받았다.

"여보세요."
"부재중 전화 주셔서 전화 드리는 데 누구세요?" 젊은 여성분의 꾀꼬리 같은 목소리다.
"네, 회원가입을 문의드리려고요." 하니 반가운 목소리로 인사를 건넨다.
"그러세요? 그런데 저를 어떻게 아셨어요?"
"인터넷을 검색 중인데 전화를 안 받으시기에, 다른 데로 알아보려던 참이었어요."
"어머~" 하고는 까르르 웃더니 "일이 있어서 전화를 못 받아서 죄송해요." 하며 정중한 사과에 성격이 서글서글하니 밝아 보였다.

"가입은 어떻게 하는 건가요? 가입비와 구비 서류는

요? 어떻게 하죠?"
또 오래전에 알았던 지인처럼 친근하게 "호호호" 하고 한 번 더 웃으면서
"그런 건 없어요. 무자본, 무점포로 막 바로 시작하는 거예요."
그녀는 아침이슬이 풀잎에 맺혀 햇살에 반사된 듯 싱그러운 느낌이었다.
"그러면 만나 뵙고 말씀드리지요."
"시간과 약속 장소를 문자로 남겨 놓으세요. 내일 찾아 뵐게요. 좋은 하루 되세요." 하며 끊었다.
마지막 인사는 명랑하고 싹싹한 성격이 느껴져 개운함을 느꼈다.

 다음 날이 왔다. 약속 장소에 세 사람이나 나와 어리둥절하여 부담감도 느껴졌다.
"더우신데 오시느라 수고가 많으셨어요. 아이스 커피부터 하시지요."
차를 마시면서 가입 절차에 대해 상세히 설명 들었고, 그래도 가입을 미루니 그녀는 실망한 듯 섭섭해하는 눈치였다.
"내일 연락할게요." 하며 작별하였다.

 애터미 사업을 처음에는 죽기 살기로 열정적으로 시작

하였던 10명을 보았다. 그런데 2~3년 후에 보면 슬그머니 사라지고 없다. 그래서 그 후 우연히 만나서 물어보면 힘들어서 접었어요.라고 말한다.

 사업은 아무나 성공하는 게 아니고 이 세상에 저절로 되는 것도 없고 공짜도 없다.
인재냐 둔재냐에 따라서 성패에 갈리므로 건강은 빌릴 수 없지만, 머리는 빌릴 수 있어 자기 머리로 안 되면 다른 사람의 머리라도 빌려야 한다.

 기업은 사람이다.
사업에 맞지 않고 거슬리는 사람과 어물쩍 넘어가면 더는 성장 할 수가 없는 게 기업이다.
애터미 일곱 가지 직급을 승진하기 위해서는 인재 급 리더를 만나야 제대로 된 어드바이스를 받을 수 있다.

마스터 직급 월 수당은
①세일즈 200만 원 ~ 400만 원
②다이아몬드 400만 원 ~ 1천만 원
③샤론로즈 1천만 원 ~2천만 원
④스타 3천만 원
⑤로얄 5천만 원
⑥크라운 7천만 원

⑦임페리얼 1억 원
참고로 알아두면 분발하는데 촉진제가 되어 더욱 의욕이 생길 것이다.

 처음에는 애터미 생활용품을 본인만 쓰다가 가족, 친구, 지인 등 인맥을 넓혀나가면 3번째 샤론로즈 직급까지 도달하여 월 1천만 원의 수익이 생긴다.
일을 하니 많이 움직이게 되어 건강까지 얻는다.
처음에는 그물을 강가에만 쳤기 때문이지만 그물을 더 넓게 바다에 치면 더 많은 물고기를 잡을 수가 있다.
애터미 사업도 전 국민을 상대로 해야 최고직급인 임페리얼이 되어 매월 고액의 수당을 받는다.

 부지런한 사람이 성인병도 없이 건강하고 사업도 잘 되니 모든 게 자기 하기에 달려있다.
최고가 되려면 남과 같아서는 안 되고 자기만의 노하우와 성실함이 있어야 한다. 쇠는 불에 달구어 두드려 **패야 강해지고 사람은 시련을 겪으면 겪을수록 성장한다.**
애터미 사업도 저절로 되는 게 아니다. 각별한 각오가 있어야 한다.

 하늘은 스스로 돕는 자를 도우므로 내가 마음먹기에 달려있고 내가 하기에 달려있다.

필자는 인생 철학에 대하여 여러 권을 집필하였다. 거기에 빠지지 않는 단어가 늘 따라 다니는데 '건강과 독서'이다. 늘 좌우명을 염두에 두고 살며 그 말을 실천하였더니 먹는 약도 없고, 사람 보는 눈이 정확하게 되었다.

애터미 회원여러분도 늘 독서를 생활화하시길 바란다. 책을 멀리하는 사람은 경계 대상이며 독서를 하지 않는 사람이 성공하는 예를 본 적이 없다. 어쩌다 성공했다 하더라도 성공 수명은 오래 갈 수가 없다. 작은 성공은 누구나 할 수 있지만, 남들이 부러워할 만한 성공은 책을 통해 지식을 쌓아 지혜롭기 때문이다. 그래서 애터미는 지속적인 교육을 통해 세계적인 기업으로 우뚝 설 수 있었다.

애터미는 곧 교육이라고 해도 과언이 아니다.
인생을 사는데 눈 뜨고 잠자기 전까지 보고 듣고 하여도 한도 끝도 없다.
사람은 말을 할 줄 알고 교육을 받기 때문에 만물의 영장으로 불리지만 동물은 말을 하지 못해 교육을 받을 수가 없다.
그러므로 애터미 교육을 받고 세미나에 참석률이 높을수록 최고직급에 등극할 확률이 높아진다.

다시 한번 강조하자면
천연 한방 원료로 만든 "헤모힘(Hemohim)"은 한국 원자력연구원에서 개발한 면역력 강화 건강기능식품으로 이름의 의미는
Hemo: 혈액(Hemoglobin)
HIM:면역(Immune), 항산화(Antioxidant), 조혈(Hematopoiesis)의 약자로 그만큼 면역력에 중점을 둔 최고의 제품이다.

📱 회원가입시

성명→본인 명의 핸드폰 번호→ 통신사→
주민등록번호 앞자리 6자리만 있으면 신용 불량자도 가입 가능하다.

 108번째 글은 새봄이 오듯 젊어지는 <회춘 비결>이 되겠습니다.

<필자가 애터미에 관해 쓰는 내용은 사실 그대로 실화를 바탕으로 쓴 글이므로 논픽션이다.>

코로나가 또 다시 확산되고 있습니다.
면역력을 높여야 합니다.

헤모힘의 면역,
전세계는 이미 알고 있습니다.

헤모힘은 미국, 러시아, 호주, 싱가포르, 멕시코, 중국을 포함한 전 세계 20개 지역에 판매되고 있습니다.
*2024년 8월 기준

오직 면역을 위해
애터미 헤모힘

한국원자력연구원 8년의 국책연구로 완성

헤모힘 무료배송

애터미 헤모힘 (60포, 1개월분)
88,000원 44,000 PV

애터미 헤모힘4Set (60포4set, 4개월분)
328,000원
164,000 PV

주문 010-3895-4114

애터미 오롯이 담은 유기농 발효 노니
(1,000g, 병)

47,800원 24,000 PV

애터미 SCI 마이크로바이옴 (60캡슐, 2개월분)

52,000원 26,000 PV

애터미 홍삼단 (60포, 2개월분)

80,000원 40,000 PV

애터미 프로바이오틱스 10플러스 진생 유산균 (120포, 4개월분)

56,800원 21,500 PV

주문 010-3895-4114

애터미 이브닝케어 (4종)
35,200원 12,000 PV

애터미 치약 플러스 200g*1set(5ea)
16,800원

Atomy Root Vital Hair Care
탈모증상완화 기능성 화장품

애터미 루트 바이탈 헤어케어 세트 (3종)
52,000원 25,000 PV

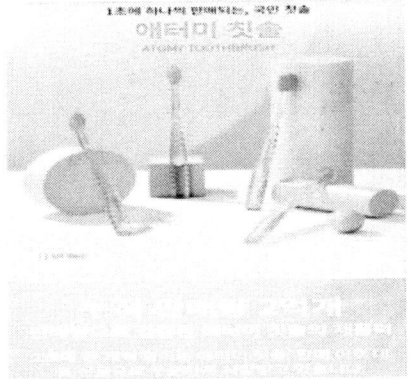

애터미 칫솔 (1팩/8개입)
9,600원 4,800 PV

주문 010-3895-4114